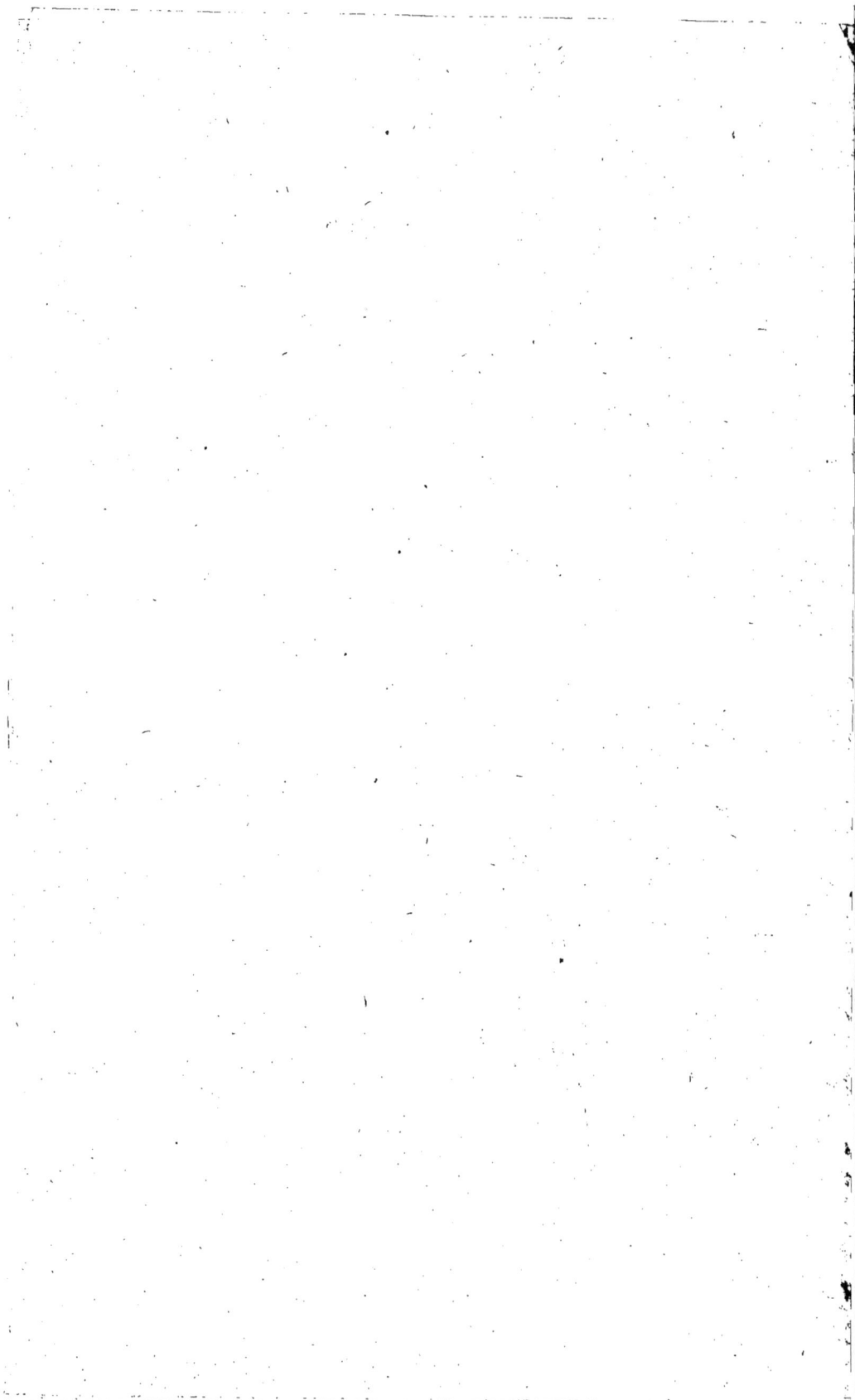

FACULTÉ DE DROIT DE PARIS

THÈSE
POUR LE DOCTORAT

DROIT ROMAIN
DU PACTE DE CONSTITUT

DROIT CIVIL FRANÇAIS
DES GARANTIES DU TRÉSOR
SUR LES BIENS DES COMPTABLES

PAR

HIPPOLYTE HENRI MARMONIER
Avocat

PARIS
IMPRIMERIE A. LAHURE
9, RUE DE FLEURUS 9,

1882

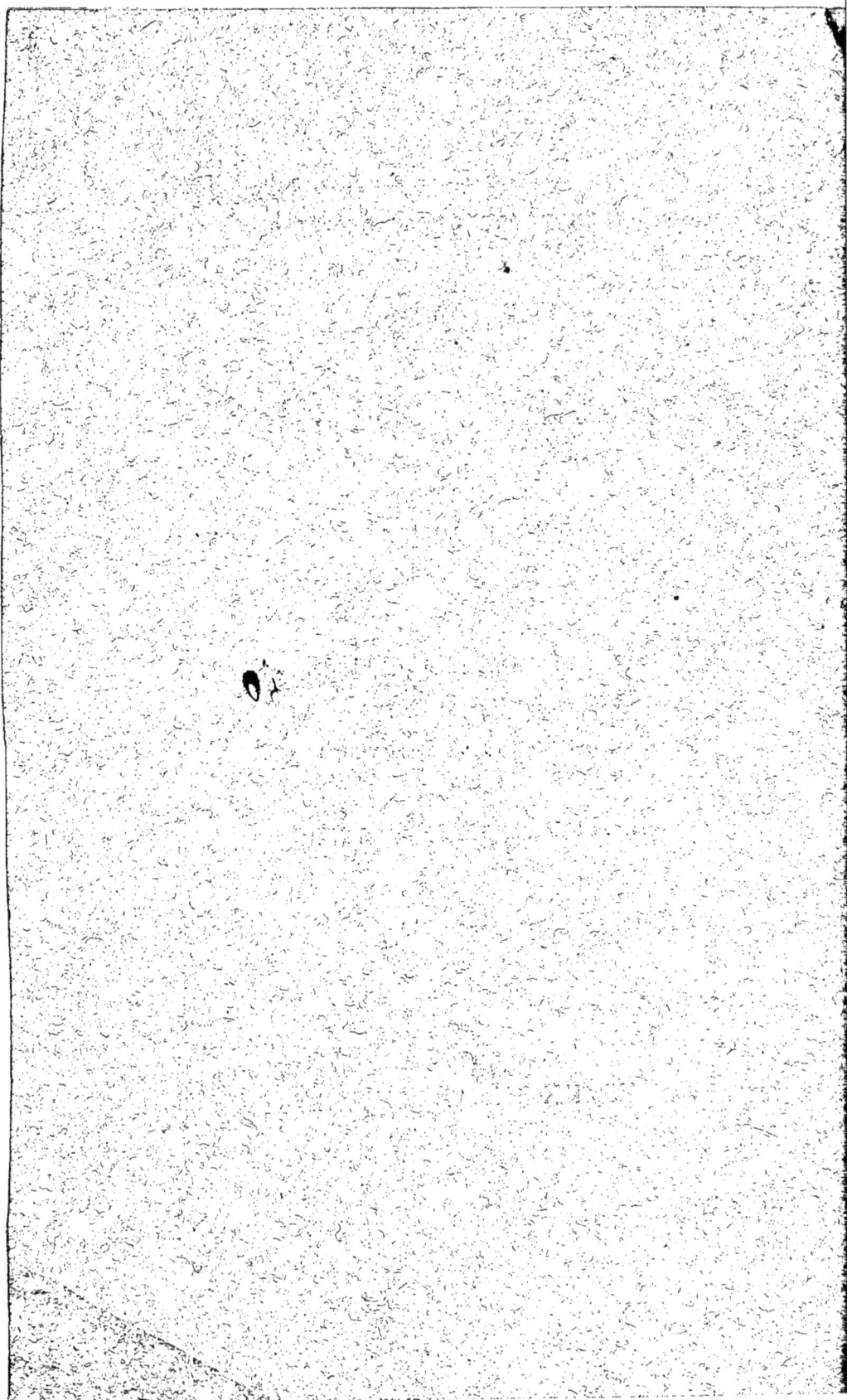

DROIT ROMAIN

DU PACTE DE CONSTITUT

DROIT CIVIL FRANÇAIS

DES GARANTIES DU TRÉSOR SUR LES BIENS DES COMPTABLES

THÈSE POUR LE DOCTORAT

SOUTENUE LE 12 JANVIER 1882 A UNE HEURE ET DEMIE

PAR

HIPPOLYTE-HENRI MARMONIER

Avocat

Président : M. ACCARIAS, *Professeur, Inspecteur général des Facultés de droit.*

| *Suffragants :* | MM. VUATRIN, BOISTEL, | *Professeurs.* |
| | ALGLAVE, RIPERT, | *Agrégés.* |

Le candidat répondra en outre aux questions qui lui seront faites sur les autres matières de l'enseignement

PARIS

IMPRIMERIE A. LAHURE

RUE DE FLEURUS, 9

1882

A MON PÈRE

ET

A MA MÈRE

A M. HENRI BRISSON

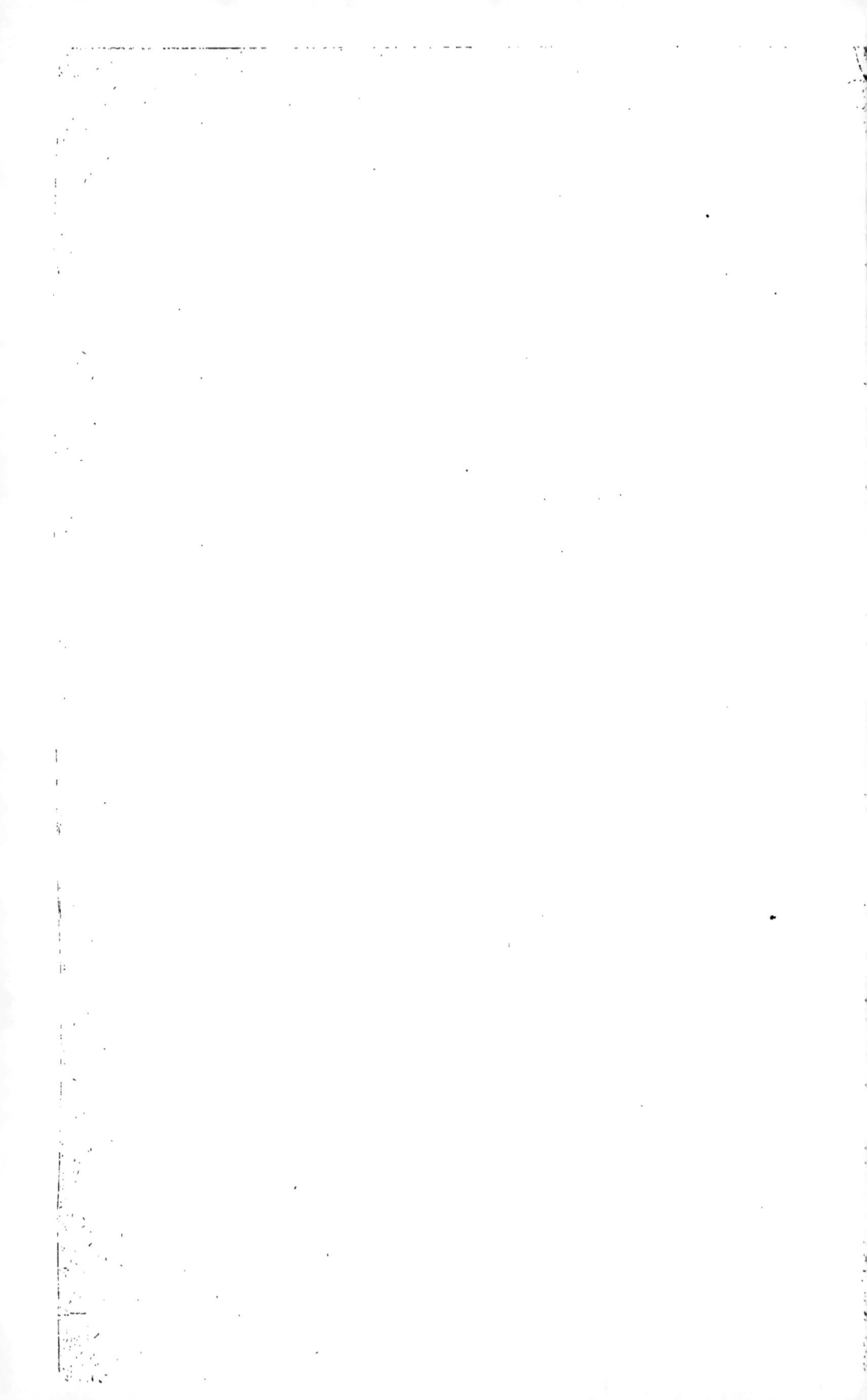

DROIT ROMAIN

INTRODUCTION

DE L'ORIGINE DU CONSTITUT, DE SA NATURE ET DE SES TRANSFORMATIONS

Dans notre législation française, les conventions sont la loi des parties, et il importe peu que l'on emploie telle ou telle forme ; on se préoccupe seulement de rechercher l'intention des contractants et de faire respecter cette intention. Le droit romain obéissait à d'autres principes : la volonté des parties, pour être valablement exprimée au point de vue légal, c'est-à-dire pour engendrer des obligations dont l'exécution fût susceptible d'être poursuivie en justice, devait être en général enveloppée dans certaines formes invariables. Rarement le consentement suffisait pour donner naissance à une action. En dehors de la vente, du louage, de la société et du mandat, le droit civil romain n'admettait aucun autre contrat consensuel.

L'exiguïté des limites dans lesquelles les citoyens se trouvaient restreints amena des difficultés à mesure que le peuple romain se développa, accrut ses richesses, à mesure, par conséquent, qu'il y eut des rapports plus

fréquents entre les hommes et que ces rapports devinrent plus importants. Les inconvénients de la loi furent
aperçus ; en dehors des contrats dont l'existence était
reconnue, mais qui ne suffisaient plus aux besoins de la
pratique, il fallut donc créer d'autres moyens de trans-
action.

La loi romaine a ce caractère spécial, qui ne se retrouve
nulle part aujourd'hui dans les différentes législations
modernes, qu'elle est formée de deux éléments absolument distincts, absolument séparés, souvent contraires,
et qui, néanmoins, coexistaient au moins en théorie. Le
droit civil, qui dérivait de la Loi des Douze Tables et des
différentes lois qui furent ensuite adoptées, et le droit
prétorien, créé par les édits annuels des magistrats,
vivaient côte à côte. Le premier, rigoureux et impitoyable
gardien de la forme, était tempéré par le second, plus
doux, plus équitable, il faut le dire, et plus approprié
aux besoins de l'époque, car il se modifiait chaque année
lorsque le magistrat nouvellement élu publiait son édit.
Aussi arriva-t-il que peu à peu, au fur et à mesure, le
droit prétorien qui avait respecté le droit civil, qui l'avait
côtoyé en quelque sorte, qui avait créé des applications
nouvelles, tout en se conformant aux principes, se substitua à lui et le détrôna. ·

Les Romains n'avaient pas le goût des réformes brus-
ques et hardies ; ils ménageaient les transitions, et
procédaient avec circonspection ; les réformes qu'ils
opéraient étaient lentes et graduées et s'effectuaient
comme par périodes. Le *jus civile* était tel qu'en dehors
des formes prescrites, la volonté des parties demeurait

sans effet ; le préteur tint davantage compte des intentions et se rapprocha le plus possible de l'équité :

« *Pacta conventa quæ neque dolo malo, neque adversus leges, plebiscita, senatus consulta, edicta principum, neque quo fraus cui eorum fiat, facta erunt, servabo.* » dit-il dans son édit[1]. Et, pour maintenir ces conventions qu'il prend sous sa sauvegarde, il emploie deux moyens différents : tantôt, et c'est le cas qui est le plus fréquent, il se borne à faire du pacte un moyen de défense, et accorde une exception à celui au bénéfice duquel il est fait ; tantôt il lui donne une action et permet ainsi d'agir sans être obligé d'attendre. Ces actions, ainsi accordées, sont appelées *actions prétoriennes ;* elles protègent des *pactes prétoriens.* Il y a trois conventions sanctionnées de la sorte : le pacte d'hypothèque, le pacte *de jurejurando,* et le pacte de *constitut,* dont nous avons à nous occuper spécialement.

Dans le sens spécial qui nous intéresse, *constituere* veut dire : fixer un jour pour une prestation à faire. Cette explication, donnée d'abord par Cujas, est aujourd'hui admise et hors de discussion ; elle résulte d'une façon bien nette de ce passage de Tacite[2] qui, après avoir dit que les Germains ont l'habitude de compter par nuits et non par jours, s'exprime ainsi : « *sic constituunt, sic condicunt.* » *Condicere,* c'est choisir le jour pour paraître en justice ; *constituere,* c'est choisir le jour pour payer.

Procéder à la fixation du jour que l'on choisit pour

1. L. 7, p. 7. Ulpien, *De pactis.* — D. Livr. 2, t. XIV.
2. Tacite, *Germania.* c. 11.

payer une somme, c'est bien reconnaître implicitement et indubitablement que l'on doit cette somme. Le préteur, qui s'est toujours fait le représentant et le défenseur de l'équité, que violentait souvent le rigorisme formaliste du vieux droit, devait donc protéger la personne en faveur de laquelle le pacte de *constitut* avait été consenti, et il arriva à lui accorder l'action *constitutoria*, appelée plus fréquemment action de *pecunia constituta*.

L'action de *pecunia constituta* ne fut pas créée de toutes pièces par le préteur; selon la coutume, il procéda d'une façon détournée ; il n'imagina point, il imita, et mit à profit une analogie.

Lorsqu'une dette soit civile, soit prétorienne, soit naturelle, existait dèjà, si le débiteur ou une autre personne promettait de payer cette dette à jour fixe, et que cette promesse ne fût point faite dans les formes de la stipulation, le créancier, par cela même que le payement n'était pas effectué au jour dit, acquit l'action prétorienne ; le refus de payement constituait en effet un acte de mauvaise foi, qui en bonne justice ne pouvait être tolérée ; de plus, il y avait, au point de vue des relations commerciales, qui grandissaient chaque jour, un grand avantage à écarter les formes solennelles, toujours périlleuses et toujours difficiles à accomplir; enfin le créancier acquérait une garantie nouvelle, et pouvait de la sorte poursuivre au moyen de l'action nouvelle un payement qu'il n'aurait peut-être pas pu, autrement, réclamer en justice, si, par exemple, sa créance était naturelle.

Telle était la base du pacte prétorien de *constitut*. Quelle est son origine?

On a essayé d'expliquer cette origine par la théorie du *geminatum pactum*, théorie par laquelle deux pactes successivement répétés devraient produire une action. Ce serait là précisément le cas du *constitut*. Cette règle, dont on invoque l'existence, n'existe point; un pacte qui n'est pas sanctionné par une action ne tire aucune vigueur de ce que l'on fait ensuite pour le corroborer, un autre pacte n'ayant pas davantage de sanction; une obligation naturelle n'a jamais vivifié une autre obligation naturelle. Ainsi, lorsque par un simple pacte Primus promet à Secundus de lui livrer un objet, Primus n'est pas lié; et il ne l'est pas davantage s'il le promet une seconde fois. Cela n'a jamais été soutenu, et il en serait encore de même si Primus renouvelait trois fois, quatre fois, autant de fois qu'on voudrait, sa première promesse qui ne produit aucun effet. Il n'y aurait aucun élément nouveau venant modifier la situation; la situation resterait donc la même. La théorie du *pactum geminatum* ne se soutient donc point.

Ce qu'il y a de spécial dans le cas d'un pacte de *constitut*, c'est qu'une partie a l'intention de payer à l'autre une dette préexistante; la préexistence de la dette constitue la principale différence qui existe entre les deux cas que nous examinons.

Le *constitut* ne dérive donc pas de la théorie du *pactum geminatum;* il provient du *receptitium argentariorum*, c'est-à-dire du contrat civilement reconnu, par lequel le banquier, *argentarius*, prenait jour pour payer. *Reci-*

pere est une vieille expression, synonyme de *constituere*. Le *receptitium* était sanctionné par l'action *receptitia;* cette organisation fut imitée par le Préteur qui la généralisa.

L'institution des *argentarii* date de fort loin; la Grèce la connaissait, et selon toutes les apparences, l'avait empruntée aux riches cités de l'Asie Mineure. A l'époque des guerres médiques, on sait qu'il existait à Corinthe des banquiers, que l'on appelait des *Trapézites*, οἱ τραπεζαι. C'est chez l'un d'eux, nommé Philostéphanos, que Thémistocle avait déposé 70 talents, c'est-à-dire environ 400 000 francs. Peu à peu cette institution se répandit, et dès le cinquième siècle avant notre ère il y avait des *Trapézites* dans toutes les villes grecques importantes. Les *Trapézites* se livraient aux opérations de crédit les plus diverses ; ils faisaient des dépôts et des prêts, notamment des prêts maritimes ou prêts à la grosse aventure, ils recevaient les payements, ou les faisaient eux-mêmes au nom de leurs clients; il paraît même résulter d'un passage d'Isocrate que c'est eux qui ont inventé le chèque, et la lettre de change transmissible par voie d'endossement. En même temps, les *Trapézites* remplissaient les fonctions d'officiers ministériels, et aussi celles d'agents de change. Ces indications proviennent des discours de Démosthènes et d'Isocrate; la richesse et l'influence des *Trapézites* déclinèrent avec la fortune de la Grèce. Rome, après avoir conquis la Grèce, s'assimila celles de ses institutions qui lui parurent

---

1. *Les Antiquités juridiques d'Athènes*, par M. Caillemer.

bonnes ; c'est ainsi qu'elle connut le régime hypothécaire, et qu'elle eut des banquiers.

A l'origine, il paraît certain que les fonctions de
l'*argentarius* étaient assez restreintes, et qu'il s'occupait
seulement de change et de la vérification du titre des
monnaies ; ces attributions s'accrurent à mesure que le
commerce lui-même se développa, porté par les con-
quêtes des légions. Les modes d'affaires et de transac-
tions auxquelles il prêta son ministère furent plus nombreux : il intervint pour autrui, soit pour payer, soit
pour encaisser au nom de ses clients ; il prêta de l'argent
aux individus, aux corporations, aux cités, à l'État lui-
même ; il fit valoir les capitaux des autres et les siens
propres ; il plaça à intérêt, reçut des dépôts pour lesquels
il s'attribua des droits de garde et fut même, si l'on en
croit Saumaise, une sorte de séquestre public à qui l'on
confiait les objets en litige[1] ; il se chargea de la vente des
hérédités[2], rechercha les marchés à faire, fit des opérations de courtage, et présida même des ventes à l'encan.

L'argentarius répondait donc à un besoin social, à
plusieurs besoins sociaux même, puisqu'il remplissait
des fonctions qui facilitaient les rapports entre négo-
ciants, et sans lesquelles ces rapports eussent été extrêmement difficiles, sinon impossibles. Pour traiter avec
un commerçant de Carthage, de Milet, d'Ephèse, de
Byzance, de Gades ou d'Alexandrie, le commerçant, qui
était à Rome, aurait donc dû avoir un correspondant

1. Saumaise. *De modo usurarum*, 718 à 726.
2. L. 18 *pr.* D. *De Hered. petit.* — L. 88. D. *De solutionibus.*

spécial dans chacune de ces villes, pour une affaire qui pouvait être isolée ; à côté des travaux, des soucis et des dérangements de son négoce, il aurait encore fallu qu'il allât prendre des renseignements au loin. L'*argentarius* se chargea de prendre ces renseignements, de les garantir et de les exploiter. La très grande variété de ses attributions le rendait donc indispensable, et lui fit accorder de grands privilèges.

L'*argentarius* avait une profession très complexe qui nécessitait la tenue de certains registres, sans lesquels la comptabilité n'eût pas été sérieuse ; on admit que ces registres, régulièrement tenus, faisaient foi pour les opérations qui y étaient consignées. Il n'était cependant pas un véritable officier public, bien que sa *taberna argentaria* fût sa propriété, et qu'il possédât en quelque sorte sa clientèle. Gaïus[1] dit bien : « *publicam causam habebat.* » Cela signifie seulement que son ministère intéressait le public tout entier, qui se trouvait obligé, par les nécessités de la vie de recourir à lui, mais cela ne veut-pas dire que l'*argentarius* exerçait un *munus publicum*, puisque les esclaves pouvaient remplir la charge de leurs maîtres[2]. S'il en eût été ainsi, Callistrate aurait-il eu besoin de spécifier que les femmes ne pouvaient pas remplir cette fonction[3].

L'*argentarius*, à cause des rapports que par ses correspondants il possédait dans toutes les villes, à cause aussi de ses connaissances dans la vérification du titre

1. L. 10, D. *De Edendo.*
2. L. 9, p. 1. D. *De Edendo.*
5. L. 12, *eod. tit.*

des monnaies, était souvent chargé d'intervenir dans les
payements, et, lorsque le payement n'avait pas lieu dans
la même ville, il était presque toujours chargé de le faire
lui-même. Ainsi, lorsqu'il s'était chargé de payer pour
son client, il devenait le propre débiteur du créancier
de son client.

D'ordinaire, en dehors des contrats *re*, *consensu* et
litteris, la stipulation était la seule source des contrats;
il fallait interrogation et réponse solennelles pour donner
quelque force à la convention, afin qu'elle ne demeurât
point un *pactum nudum* dépourvu d'action, et ne créant
qu'une simple obligation naturelle. Dans le cas où l'*argentarius* était en cause, il n'en était pas ainsi et on
laissait de côté les formes de la stipulation. Si l'on négligeait la stipulation, n'y avait-il pas néanmoins certaines
formes consacrées auxquelles on ne pouvait se dérober?
« *Receptitia actione cessante, quæ solennibus verbis composita,* » dit le Code. On a contesté que le sens de ces
paroles s'appliquât au pacte lui-même, et l'on a dit qu'il
s'appliquait seulement à l'action qui en résulte. D'après
Pothier, cela veut dire simplement que l'action *receptitia*
était une action civile.

Il paraît bien difficile, en effet, d'admettre que le
receptitium, à raison de ses applications si fréquentes,
fût soumis aux formes gênantes de la stipulation. Nous
croirions plus volontiers, avec M. Accarias, que si des
formalités étaient ici nécessaires, elles devaient consister dans des écritures et non dans des paroles.

Le Préteur, qui saisissait toutes les occasions de faire
respecter la foi promise, a généralisé l'institution qu'il

a rencontrée et qu'il trouvait équitable. Il déclara qu'il donnerait une action, à l'image de celle qui existait, contre celui qui aurait promis de payer une dette dans un certain délai : « *Si appareat eum qui pecuniam debitam constituit, neque solvere, neque fecisse, neque per actorem stetit, quo minus fieret quod constitutum est, eamque pecuniam cum constituebatur debitam fuisse, judicium dabo.* » « S'il est démontré que celui *qui a promis de payer à jour fixe* l'argent qu'il doit n'a pas fait le payement ou la prestation, que le demandeur ne s'est point opposé au payement, et que cet argent était dû au jour fixé, je donnerai une action. »

Le préteur assimile donc le *constitut* au *receptitium*, et généralise la disposition du droit civil. Désormais la promesse faite de payer une dette devint obligatoire et se trouva sanctionnée par une action qui reçut le nom d'action de *pecunia constituta* ou *constitutæ pecuniæ*. Cette action nouvelle repose entièrement sur l'équité, sur la bonne foi, ainsi que nous l'apprend Ulpien[1] : « *Hoc edicto, prætor favet naturali æquitati, qui constituta ex consensu facta custodit, quoniam grave est fidem fallere.* » « Par cet édit le préteur favorise l'équité naturelle qui est la sauvegarde des engagements librement consentis, parce qu'on ne peut tolérer un manquement à la promesse donnée. » En effet, la gravité de ce manque de bonne foi tient à ce qu'il est double, car on ne se dérobe pas seulement à l'obligation de payer ce que l'on doit, mais encore à celle de payer ce que l'on a reconnu devoir,

---

1. L. 1. *pr.* D. *De pec. const.*

puisqu'on a choisi le jour du payement. La faute est donc double ; et c'est pour cela, et afin de la réprimer avec plus de sévérité, que le préteur qui n'autorise la *sponsio* que pour le tiers de la somme due lorsqu'il s'agit simplement d'une action *creditæ pecuniæ*, autorise cette même *sponsio* pour la moitié de la somme en cas de *constitut*[1].

S'il y avait une grande analogie entre le *receptitium* et le *constitut*, il n'y avait pourtant pas similitude.

1° Le *receptitium* était une promesse générale ; le *constitut*, une promesse spéciale avec indication précise ; le premier était donc le genre, et le second, l'espèce.

Le Préteur a imité le *receptitium*, il ne l'a point généralisé. *Recipere* signifie promettre, et non pas promettre à jour fixe ; Nonius[2] traduit ce mot par *promittere, polliceri ;* il s'appuie pour cela sur un passage où Varron dit : *cum scripturum te Seio receperis ;* Cicéron l'emploie à plusieurs reprises dans le même sens[3] ; il n'y a là aucune détermination, aucune précision, aucune fixation qui permette de nier la différence que nous établissons.

2° Le *receptitium* ne pouvait être fait que par un *argentarius ;* le *constitut* était à la portée de tout le monde.

3° Le *receptitium* pouvait porter sur toutes choses ; le *constitut* ne s'appliquait qu'aux *res quæ numero, pondere, vel mensura continentur*. Cela résulte du sens même du mot que l'on employait pour qualifier l'action que l'on

1. Gaïus, t. IV, p. 171.
2. Nonius, p. 260
3. Cicéron, *Phil.* V. 18. — *Ad famil.* X. 21. — XIII, 10-17. — VI, 12. — *Ad Att.*, XIII, 1.

nommait action *constitutæ pecuniæ*. Le mot *pecunia* ne s'appliquait pas seulement à la monnaie, mais aux choses dont nous venons de parler, aux choses fongibles.

4° Le *receptitium* ne supposait pas une dette préexistante et il n'était pas nécessaire que *l'argentarius* eût reçu de son client une somme d'argent, eût provision. Le *constitut* supposait une dette préexistante.

5° Le *receptitium* donnait lieu à une action perpétuelle ; le *constitut* engendrait une action temporaire qui se prescrivait par un an.

6° Le *receptitium* même pur et simple se concevait parfaitement, pour les dettes conditionnelles, puisqu'il n'exigeait point de dette préexistante ; il en était autrement quant au *constitut*.

Le *receptitium* n'occasionnait pas de *sponsio*, ou du moins aucune trace n'en est restée ; le *constitut* donnait lieu à une *sponsio dimidiæ partis*.

Ces différences assez nombreuses dérivent presque toutes de la même idée, c'est que l'action *constitutæ pecuniæ* a été créée dans un but d'équité et d'équité seument, tandis que l'action *receptitia* provient du vieux droit formalise.

Il est difficile de fixer la date exacte à laquelle le *constitut* a été imaginé. Il est cependant certain qu'il existait à l'époque de Labéon et même à celle de Cicéron, ainsi que cela résulte d'un passage du *Pro Quintio*[1], passage qui prouve, malgré les affirmations contraires de Keller[2], qu'à cette époque le *constitut* était muni d'une action, et

1. Cicéron, *Pro Quintio*. C. 5, 5.
2. Keller, *Pandectes*, p. 286.

que cette action était accompagnée d'une *sponsio pœnalis*.

Nous avons vu que le pacte de *constitut* est une convention par laquelle le débiteur s'engage à effectuer un payement à jour fixe; ce peut tout aussi bien être un tiers qui prenne cet engagement. Il y a donc en réalité deux *constituts*, l'un entre le créancier et le débiteur, appelé *constitutum proprii debiti*, l'autre entre le créancier et un tiers, ou entre un tiers et le débiteur, appelé *constitutum alieni debiti* : ils sont soumis aux mêmes règles; nous ne les séparerons point dans nos explications.

Longtemps le *constitut* et le *receptitium* vécurent côte à côte : les différences qui les séparaient s'affaiblirent peu à peu, et ils se rapprochèrent l'un de l'autre. A l'époque de l'avènement de Justinien il y avait encore quelques divergences, déjà beaucoup atténuées.

Justinien, qui a fait beaucoup de réformes, ce qui ne veut point dire qu'il ait fait beaucoup d'excellentes réformes, opéra entre l'action *receptitia* et l'action *constitutæ pecuniæ* une fusion analogue[1] à celle qu'il avait déjà faite pour les sénatusconsultes *Trebellien* et *Pégasien*. Des deux actions, il en fit une seule, à qui il maintint le nom d'action *constitutoria*, ou *constitutæ pecuniæ*, ou de *pecunia constituta;* la nouvelle action emprunta ses qualités aux deux actions dont elle était le mélange.

La nouvelle action *constitutæ pecuniæ* prit les trois caractères suivants de l'ancienne :

1° il suffit que le pacte fût fait *consensu;*

---

1. Du Caurroy, *Institutes expliquées*, t. II, p. 554, n° 1208.

2° elle ne fut pas limitée aux *argentarii* et fut accessible à tous ;

3° il fallut une obligation préexistante.

A côté de cela, elle eut les autres règles principales de l'ancienne action *receptitia :*

1° Le *constitut* put désormais avoir pour objet toutes les *res in commercio*, parce que, dit Justinien, toutes ces choses-là peuvent être estimées et converties en argent ;

2° L'action se prescrivit par trente ans.

L'œuvre de Justinien ne se borna point là ; comme le *constitutum debiti alieni* pouvait être soit une *expromissio*, soit un cautionnement, il l'envisagea nettement comme un cautionnement, et accorda à ceux qui le faisaient le bénéfice de division que la jurisprudence classique ne leur avait vraisemblablement pas reconnu ; de plus, il introduisit en leur faveur le bénéfice de discussion[1].

Le bénéfice de discussion avait-il déjà existé, et était-il tombé en désuétude ? C'est ce qu'il est impossible de préciser. On sait seulement qu'en pratique on se servait de la *fidejussio indemnitatis*, par laquelle la caution, c'est-à-dire, dans l'espèce, la personne qui faisait un *constitutum alieni debiti*, ne s'obligeait que pour la somme que le créancier ne pouvait se faire payer par son débiteur. La *fidejussio indemnitatis* donnait donc, d'une autre façon, des avantages analogues à ceux que procure le bénéfice de discussion, puisque le débiteur accessoire ne payait que lorsque le débiteur principal était hors d'état de le faire.

---

1. Voyez Nov. 136, *pr.* et chap. 1.

Si l'on consultait seulement le texte de la Novelle, rapporté par la Vulgate, il faudrait bien admettre que Justinien n'a pas accordé au *constituens debiti alieni* le bénéfice de discussion ; mais le traducteur a fait une erreur. Il donne aux mots ὁ ἀντιφωνητης, ὁ ἀντιφωνησας, ὁ την ἀντιφωνησιν ὑπελθων le sens de *sponsor*, de *qui sponsioni se subjecerit*, tandis que ces mots signifient *constituens*, ou *constitutæ pecuniæ reus*. Et il ne pouvait en être autrement, puisque le *constitut* était en pleine vigueur, tandis que la *sponsio*, comme mode de cautionnement, n'existait plus. C'est, du reste, ce que prouve avec évidence la *præfatio* de la Novelle 136, dans laquelle Justinien rapporte qu'il a refusé le bénéfice de discussion aux *argentarii*, et expose qu'il se refuse à le leur accorder. De plus, Cujas cite maint passage de *Basiliques* ou le mot ἀντιφωνητης a le sens de *promettant par constitut*.

Le bénéfice de discussion ne pourra pas être accordé au *constituens debiti alieni*, si cette sorte de *constitut* est le résultat d'une *expromissio* ou d'une *delegatio* ; il est le propre du cautionnement ; il faudra donc qu'il y c aitau tionnement pour qu'il puisse exister.

Maintenant que nous savons ce qu'est le *constitut*, que nous connaissons son origine et les transformations qu'il a subies, nous allons examiner les règles qu'il l'ont régi. Nous nous demanderons successivement : 1° quelles sont les conditions de validité de ce pacte ; 2° quels en sont les effets ; 3° quels sont la nature et les caractères de l'action qui en résulte.

SECTION PREMIÈRE

DES CONDITIONS DE VALIDITÉ DU PACTE DE CONSTITUT.

Pour que le *constitut* soit valable deux conditions sont exigées : 1° le consentement des parties contractantes ; 2° une dette préexistante.

CHAPITRE PREMIER

DU CONSENTEMENT DES PARTIES CONTRACTANTES.

Pour que le pacte de *constitut* puisse être fait, il faut que les parties donnent leur consentement, et que ce consentement soit valable.

Mais ce consentement, et c'est là un point important, peut être exprimé de toutes les façons, il n'est soumis à aucune solennité; il suffit qu'il soit net. Les parties n'ont même pas besoin d'être en présence; elles peuvent faire un pacte de *constitut* parfaitement valable soit par une lettre, soit par l'intermédiaire d'un envoyé[1].

Constituere autem et præsentes et absentes possumus, dit Ulpien, *sicut pacisci et per nuntium et per nosmetipsos, et quibuscunque verbis.* « Nous pouvons faire un constitut que nous soyons présents ou absents, de même que nous pouvons faire un pacte et par un envoyé et par nous-

---

1. Loi 14, p. 3. D. h. t.

mêmes, et cela, en employant quelques paroles que ce soit. » C'est ce que dit encore Paul[1]. *Et licet libera persona sit, per quam tibi constitui, non erit impedimentum, quod per liberam personam acquirimus : quia ministerium tantummodo hoc casu præstare videtur.* « Et, bien que ce soit une personne libre par laquelle je vous fais un *constitut*, il n'y a pas d'empêchement de ce que vous aurez acquis par une personne libre, parce qu'en cette circonstance elle est réputée vous rendre seulement un bon office. » Il y a donc dans ce cas une dérogation à la règle générale qui veut que l'on ne puisse acquérir que par l'intermédiaire des personnes sur lesquelles on a puissance. Ainsi qu'il résulte des exemples cités par Ulpien[2]. Marcellus[3] et Scœvola[4], le consentement tacite peut même donner lieu à l'action de *pecunia constituta*. Voici ce que dit Ulpien : *Julianus quoque libro undecimo scribit : Titius ad me epistolam talem emisit : Scripsi me secundum mandatum Seii, si quid tibi debitum adprobatum erit, me tibi cauturum et soluturum sine controversia. Tenetur Titius de constituta pecunia.* « Julien écrit au livre onzième : Titius m'a envoyé la lettre suivante : Je vous écris, conformément au mandat que j'ai reçu de Seius, que s'il est prouvé qu'il vous est dû quelque chose, je vous donnerai caution et payerai sans discuter. Titius est tenu par *constitut*. » Scœvola n'est pas moins affirmatif : *Quidam ad creditorem litteras ejusmodi fecit : Decem quæ Lucius*

---

1. Loi 15, h. t.
2. Loi 5, p. 3, h. t.
3. Loi 24, h. t.
4. Loi 26, h. t.

Titius ex arca tua mutua acceperat, salva ratione usura-
rum, habes penes me domine. Respondit, secundum ea quæ
proponerentur, actione de pecunia constituta eos teneri.
« Quelqu'un a écrit cette lettre à son créancier : Les dix
que vous avez donnés en *mutuum* à Lucius Titius, sous ré-
serve d'intérêts, sont en ma possession et à votre disposition. Il faut dire, d'après l'espèce proposée, que célui qui
a écrit est tenu par *constitut.* » Dans l'un et dans l'autre
cas, il est pourtant bien certain qu'aucune échéance
n'est fixée. Il ne faudrait pas aller trop loin dans cette
voie et enlever toute garantie au débiteur. Assurément,
pour qu'il soit engagé, il n'est nul besoin qu'il prononce
des paroles solennelles ; il n'est nul besoin qu'il emploie
des termes consacrés, mais son consentement doit être
indubitable ; il ne faut pas qu'il puisse y avoir doute sur
son intention, sur le dessein qu'il a de s'engager. C'est
pour cela qu'Ulpien[1] a émis la règle suivante : *Eum qui*
inutiliter stipulatus est cum stipulari voluerit, non cons-
titui sibi, dicendum est de constitua experiri non posse :
quoniam non animo constituentis sed promittentis factum
sit. « Il faut dire que celui qui, voulant faire une stipulation, et sans avoir l'intention de se faire consentir un
constitut, a fait une stipulation nulle, ne peut user de
l'action de *constitut,* parce qu'il n'avait pas l'intention
de demander un *constitut,* mais une promesse solen-
nelle. » La stipulation n'existe pas, mais le *constitut*
n'existe pas davantage.

Ce texte, ainsi que le fait observer M. Accarias, vient

---

1. L. 1, § 4. D. h. t.

apporter une limitation au principe posé plus haut, d'après lequel le *constitut* résulterait d'un consentement tacite. Il semble bien que, dans notre hypothèse, ce consentement tacite existe et cependant il n'y a pas de *constitut*. Il est probable, comme le pense notre éminent maître, que le consentement, s'il pouvait être tacite du côté du créancier, devait être exprès de la part du débiteur[1].

Pour que le *constitutum debiti alieni* soit valable, il faut que celui qui le consent entende s'obliger pour autrui ; s'il ne consentait le pacte que par erreur, et croyant la dette sienne, il ne serait pas obligé ; s'il avait payé, il aurait indiscutablement le *condictio indebiti*, et il pourrait non seulement réclamer le capital, mais encore les intérêts[2].

Lucius Titius, Seiorum debitor decessit. Hi persuaserunt Publio Mævio, quod hæreditas ad eum pertineret, et fecerunt ut epistolam in eos exponat, debitorem sese esse, quasi hæredem patrui sui confitentem : qui et addidit epistolæ suæ, quod in rationes suas eadem pecunia pervenit. Quæsitum est, cum ad Publium Mævium ex hæreditate Lucii Titii nihil pervenerit, an ex scriptura proposita de constituta pecunia conveniri possit? Et an doli exceptione uti possit? Respondit nec civilem eo nomine actionem competere, sed nec de constituta secundum ea quæ proponerentur. Idem quæsiit, usurarum nomine quod ex causa suscripta datum sit, an repeti possit? Respondit, secundum ea quæ proponerentur posse. « Lucius Titius est mort débiteur des Séius. Ceux-ci persuadèrent à Publius Mœvius que l'hé-

1. Précis de Dr. Rom., t. II, p. 759.
2. Loi 31. *D. de pec. const.*

rédité lui appartenait et le déterminèrent à leur écrire
une lettre pour leur exposer que lui-même était leur
débiteur comme héritier de son oncle. Il ajouta même
dans sa lettre que la somme due était entrée dans ses
biens. On a demandé, rien de l'hérédité de Lucius Titius
n'étant allé à Publius Mœvius, si, à cause de cette lettre,
il pouvait être poursuivi par l'action *de pecunia constituta*,
et, en ce cas, s'il pourrait se servir de l'exception de dol.
On a répondu qu'aucune action civile ne compétait à ce
titre, et que l'action de *pecunia constituta* ne pouvait pas
davantage être donnée d'après les moyens proposés. On
a demandé encore si ce qui avait été donné à titre d'intérêts pour le motif ci-dessus mentionné pouvait être
répété. On a répondu, suivant ce qui a été proposé, que
cela se pouvait ».

Il n'y aurait pas *constitut* si quelqu'un promettait
qu'un autre payerait pour lui[1] : *Sed et si quis constituerit
alium soluturum, non se pro alio, non tenetur; et ita Pomponius libro octavo scribit.* « Mais si quelqu'un promet
par constitut qu'un autre payera, et non pas qu'il payera
lui-même pour un autre, il n'est pas tenu. C'est ce qu'a
écrit Pomponius au livre huitième. »

Ulpien[2] déclare cependant valable la promesse que
quelqu'un fait par *constitut* qu'une personne se portera
fidéjusseur pour lui. *Sed et si quis certam personam fide-
jussorem pro se constituerit, nihilominus tenetur, ut Pomponius scribit. Quid tamen si ea persona nolit fidejubere?
Puto teneri eum qui constituit; nisi aliud factum est. Quid,*

---

1. Loi 5, p. 4. D. h. t.
2. Loi 14, p. 2. D. h. t.

si ante decessit? Si mora interveniente, æquum est teneri eum qui constituit, vel in id quod interest, vel ut aliam personam non minus idoneam fidejubentem præstet; si nulla mora interveniente, magis puto non teneri. « Mais si quelqu'un a promis par *constitut* qu'une personne déterminée serait son fidéjusseur, il n'en est pas moins obligé, comme l'écrit Pomponius. Mais qu'arriverait-il si cette personne ne voulait pas être caution? Je pense que celui qui a fait le *constitut* doit être tenu, à moins que le pacte n'ait été fait dans une autre intention. Qu'arriverait-il si elle mourait avant d'avoir répondu? S'il y a eu retard, je pense qu'il est juste que le *constituens* soit tenu dans la limite de l'intérêt qui peut exister, ou qu'il doit fournir une personne non moins apte à être fidéjusseur. S'il n'y a pas eu de retard, je pense qu'il ne doit pas être tenu. »

Si Ulpien déclare valable comme *constitut* la promesse faite par une personne que quelqu'un se portera fidéjusseur pour elle, c'est que cette convention renferme la promesse d'un fait personnel, à savoir que l'on s'engage à fournir un fidéjusseur au créancier. Il nous semble que les deux cas auraient pu être assimilés. Cependant, dans la Novelle XV, Justinien revient sur la règle posée par la loi 5 et l'affirme de nouveau.

Nous avons expliqué déjà que le *constitut* se formait sans aucune solennité de parole, et qu'il suffisait que la volonté des parties fût clairement exprimée. C'est ce que disent très nettement plusieurs jurisconsultes dont nous avons cité les textes. On trouve également des exemples dans les auteurs latins; c'est ainsi que le *Mostellaria* de

Plaute[1] nous en fournit un exemple. *Tranio* persuade à *Theuropides*, que l'argent que son fils à emprunté à l'usurier *Danista* a été employé à acheter une maison. Le père approuve alors et dit au prêteur qu'il le payera le lendemain; il fait *constitut* pour le lendemain, en lui disant : *Petito cras.* Voici du reste les termes :

TRANIO.

Absolve hunc, quæso, vomitum, ne hic nos execet.
Quatuor quadraginta illi debentur minæ,
Et sors et fœnus.

DANISTA.

Tantum est; nihil plus peto.

TRANIO.

Velim quidem, hercle, ut uno nummo plus petas.

THEUROPIDES.

Adulescens mecum rem habe.

DANISTA.

Nempe abs te petam?

THEUROPIDES.

Petito eras.

DANISTA.

Abeo. Sat habeo si cras fero.

« TRANION : Délivre-nous, je te prie, de cet excrément, de peur qu'il nous suffoque. On lui doit quarante-quatre mines, capital et intérêts. — DANISTA : C'est tout, je ne demande pas davantage. — TRANION : Je voudrais bien, pardieu, que tu demandasses une obole de plus. — THEUROPIDES : Mon ami, tu as affaire à moi. — DANISTA : Alors c'est à vous que je demanderai? — THEUROPIDES : Demande demain. — DANISTA : Je m'en vais; c'est bien si je reçois demain. »

C'est bien là les expressions du langage ordinaire.

1. Mostellaria. — Vers 659 à 644.

Nous avons également dans une épître de l'apôtre saint Paul[1] à Philémon, pour lui recommander l'esclave Onésime, un autre exemple où, d'après certains auteurs, on pourrait voir un pacte de *constitut*. Nous citons :

Si ergo habes me socium, suscipe illum sicut me.
Si autem aliquid noceat tibi, aut debet, mihi imputa.
Ego Paulus scripsi mea manu, ego reddam.

« Si donc tu me considères comme ton ami, reçois le comme moi-même.

« S'il te cause quelque dommage, ou s'il te doit, impute-le à mon compte.

« Moi Paul, j'ai écrit cela de ma main ; moi, je don-« nerai ce qui sera dû. »

Non seulement ici le mot de payement ne se rencontre point, mais encore on fait une promesse, alors qu'il n'y a pas encore dette. Les termes n'ont aucune importance en la matière, et il suffit que l'intention soit clairement exprimée. Ici l'intention n'est pas douteuse ; *mihi imputa*, dit Paul ; mais la dette n'existe point ; il n'y a donc pas de *constitut* immédiat. On ne peut pas dire davantage qu'il y ait un *constitut* conditionnel, car pour cela il ne suffit pas de promettre à condition que dans l'avenir il existe une dette, il faut que la dette ait une existence concomitante avec la promesse, bien que sa validité soit subordonnée à la réalisation d'une condition. Nous pensons donc qu'on ne saurait voir un exemple de *constitut* dans la lettre de saint Paul à Philémon.

Il n'y a pas de termes sacramentels avons-nous dit;

1. *Epistola beati Pauli apostoli ad Philœmonem*, 17, 18, 19. — *Vulgate.*

cependant le chapitre vi de la Novelle CXV dit que celui qui promettrait par ces paroles : *Satis tibi faciat*, au lieu de *satis tibi faciam*, ne serait pas obligé. Y a-t-il donc là une tentative de retour au formalisme de l'action *receptitia*, et Justinien aurait-il voulu être plus strict que ne l'avait été le préteur? Nous ne le pensons point, et nous estimons que Justinien a voulu apporter un éclaircissement à la jurisprudence existante, et qu'animé de cette excellente intention il a fait une innovation malheureuse, en dehors de l'esprit général de l'époque à laquelle il vivait, et dont il n'avait pas saisi la portée.

Quand à la capacité des parties, le *constitut* n'a point de règles spéciales, ce sont celles du droit commun qu'on appliquera suivant que cet acte produira tel ou tel effet. Nous verrons au chapitre iii les effets variables que peut produire le constitut.

CHAPITRE II

DE LA DETTE PRÉEXISTANTE.

§ 1. — Des dettes qui peuvent faire l'objet d'un pacte de constitut.

Pour que le pacte de *constitut* soit consenti valablement, il faut qu'il intervienne à propos d'une dette préexistante ; il ne s'agit pas, dans l'édit du préteur, d'un *constitutum* quelconque, il s'agit d'un *constitutum debiti* ; il faut qu'il y ait *pecunia debita*, comme l'explique Ulpien : *Quod adjicitur*, eamque pecuniam, cum constituebatur, debitam fuisse, *interpretationem pleniorem exigit*[1].... « Ces termes,

1. Loi 18, p. 1, h. t.

cet argent qui était dû à l'époque du constitut, demandent plus ample explication.... » L'édit lui-même exigeait donc formellement la préexistence de la dette.

Le mot *pecunia* n'a pas un sens restreint et ne signifie pas seulement « argent; » il s'applique à toutes les choses qui sont *in patrimonio*, et qui peuvent s'estimer en argent. On restreignit la portée générale de ce mot, pour le *consitut*; il désigna alors seulement les choses *quæ numero, vel pondere, vel mensura constant*. Les exigences de l'édit à ce sujet devinrent d'ailleurs de moins en moins rigoureuses, et, lorsque Justinien arriva à assimiler sur le point qui nous occupe, les conditions d'existence du *constitut* et celles du *receptitium*, il ne fit que constater par un texte une réforme adoptée déjà par la pratique.

Il faut une dette préexistante au *constitut* pour que le *constitut* soit valable, avons nous dit. La source de cette dette importe peu, et peut se trouver aussi bien dans un délit[1] ou un quasi-délit, que dans un contrat[2] ou un quasi-contrat, ainsi que nous l'apprennent Ulpien et Paul : *qui injuriarum, vel furti, vel vi bonorum raptorum tenetur actione, constituendo tenetur.* « Celui qui est soumis à l'action d'injures, à l'action *furti*, ou à l'action *bonorum vi raptorum* s'oblige en consentant un pacte de *constitut*. » Si cela est vrai lorsque la cause de l'obligation est un délit, à plus forte raison cela est-il exact quand cette cause n'est qu'un quasi-délit. Quant à ce qui est des contrats, Ulpien s'exprime avec une grande netteté : *Debitum autem ex quacunque causa potest consti-*

1. Loi 29. D. h. t.
2. Loi 1, p. 6, D. h. t.

tui, id est ex quocunque contractu, sive certi sive incerti....
« On peut faire *constitut* d'une dette, quelle que soit sa
cause, c'est-à-dire de quelque contrat qu'elle provienne,
soit que l'objet de l'obligation soit certain, soit qu'il ne
le soit pas.... » Il suffira que le *quantum* de la dette
puisse être déterminé au moment où le jugement sera
prononcé, et non point au moment où l'action sera inten-
tée, car **Aulus Agerius** pourra se servir d'une *intentio
incerta*.

Il n'est pas davantage besoin que cette dette soit prétorienne, ou civile ; il suffit qu'elle soit naturelle [1], d'après
les affirmations d'Ulpien et de Papinien : *Sed et quis hono-
raria actione, non jure civili obligatus est, constituendo
tenetur. Videtur enim debitum et quod jure honorario debetur. Et ideo et pater et dominus de peculio obstricti, si con-
stituerint, tenebuntur usque ad eam quantitatem quæ tunc
fuit in peculio, cum constituebatur. Cæterum si plus suo
nomine constituit, non tenebitur in id quod plus est.* « Mais
celui qui est soumis à une obligation prétorienne, sans
l'être à une obligation civile, est aussi tenu par *constitut ;*
il apparaît en effet que ce qui est dû d'après le droit
honoraire n'est pas moins dû. Ainsi, si le père ou le maître, obligés *de peculio*, font un *constitut*, ils sont tenus
jusqu'à concurrence de la valeur du pécule à l'époque
du pacte. D'ailleurs, s'ils avaient promis davantage, ils
ne seraient pas tenus pour l'excédent. »

Le texte de Papinien se réfère à un cas analogue, et
cite comme exemple les obligations qui naissent de la

---

1. Loi 1, p. 8, h. t. — Loi 25, p. 1, h. t.

prestation du serment. Il ne peut donc y avoir aucun doute sur la question. *Debitum ex quacunque causapotest constitui.*

Quant à l'obligation purement naturelle, cela résulte d'un passage des sentences de Paul. D'autre part les expressions d'Ulpien[2] sont formelles : *debitum autem vel natura sufficit.* « Il suffit qu'il soit dû, même naturellement. » Ce n'est pas ici le lieu d'énumérer tous les cas où une obligation naturelle peut se produire. Nous renvoyons à ce sujet au *Traité des obligations naturelles* du regretté M. Machelard et à l'ouvrage de M. Accarias[3].

Voyons maintenant à quel moment il doit y avoir une obligation préexistante. L'édit n'est point compliqué. Il se borne à dire : *qui pecuniam debitam constituit.* Il suffit donc, puis qu'aucune autre condition n'est exprimée, que l'existence de la dette au moment même du pacte soit certaine; cela est nécessaire, mais il ne faut rien au delà.

Il y a plusieurs conséquences à tirer de ce principe si simple.

La préexistence de la dette est nécessaire à la naissance du *constitut*, mais une fois que le *constitut* existe, il a une vie propre, il continue d'exister indépendamment de la dette. Cela est très clairement dit dans un passage d'Ulpien[4]...... *Illud efficit ut si quid tunc debi-*

---

1. Sent. Paul., livre 1, t. 1. *De pactis*, § 4.
2. Loi 1, p. 7, h. t.
3. Précis, t. II, p. 770 à 782.
4. Loi 18, p. 1, h. t.

tum fuit cum constitueretur, nunc non sit, nihilominus teneat constitutum quia retrorsum se actio refert. Proinde temporali actione obligatum constituendo teneri debere, licet post constitutum dies temporalis actionis exierit. Quare et si post tempus se soluturum constituerit adhuc idem Julianus putat quoniam eo tempore constituerit quo erat obligatus, licet in id tempus quo non tenebatur. « Cela signifie que si la somme qui était due au moment du *constitut* ne l'était plus, le *constitut* oblige ; en effet l'action se rapporte au temps de la promesse. Ainsi Celse et Julien écrivent que le débiteur, qui n'est tenu que d'une action temporaire, et qui fait un *constitut*, doit être tenu, bien que le temps où l'action pouvait être exercée soit écoulé. C'est pourquoi Julien pense encore qu'il en est de même s'il a promis de payer la somme après le terme fixé par son obligation, parce qu'il a fait le *constitut* au moment où il était obligé, bien que ce fût pour un temps où il ne le serait plus. »

Le *constitut* est donc en réalité la promesse de payer ce qui est dû au moment même où on le consent : ce n'est pas une promesse de payer la dette dont on est tenu tant qu'elle existera, et le payement de l'ancienne dette n'opérera pas inévitablement l'extinction de l'obligation qui résulte du pacte. Pour que l'extinction des deux obligations soit concomitante, il faudra que le payement de l'ancienne obligation soit aussi l'accomplissement de l'obligation qui provient du pacte, ou que tout au moins il soit une satisfaction équivalente. S'il s'agit d'un *constitutum alieni, debiti* ou si la dette a été changée par *constitut,* le *constitut* donnant à la dette un objet nouveau, le payement ne sera pas toujours l'accomplissement de l'obligation qui provient du pacte, ou tout au moins une satisfaction équivalente.

Il faut non seulement que l'obligation soit préexistante; il faut encore qu'elle soit existante; si elle a été éteinte, il ne peut plus y avoir lieu à un pacte de *constitut.* Cette règle est-elle générale? est-elle absolue? serait-elle applicable si la dette avait été éteinte par voie de prescription? Cela paraît bien résulter du texte d'Ulpien que nous avons cité plus haut. Et pourtant, les obligations civiles qui sont éteintes par la prescription le sont-elles complètement, et ne se survivent-elles pas en quelque sorte à elles-mêmes sous la forme d'obligations naturelles? C'est ce qui est généralement admis. Il faudrait donc voir dans notre texte une démonstration du contraire.

Quoi qu'il en soit, et quelles qu'aient été les explications de M. de Savigny, les mots *licet post constitutum dies temporalis actionis exierit* et *licet in id tempus quo non tenebatur* prouvent avec clarté que le *constitut* n'arrête point la prescription. Il faudrait cependant être moins affirmatif pour la période qui a suivi Justinien, car, à partir de Justinien, la reconnaissance d'une dette entraîna interruption de la prescription qui courait contre cette dette. Désormais, si le pacte de *constitut* était conçu en tels termes qu'il emportât reconnaissance de la dette préexistante, il était interruptif. Nous ne voyons pas qu'il ait pu en être autrement pour le *constitutum proprii debiti;* il faut distinguer, pour le *constitutum alieni debiti* suivant les effets qui peuvent en résulter.

3

De ce qu'il n'y a à s'occuper de l'existence de la dette qu'au moment où le pacte de *constitut* prend naissance, il faut tirer deux autres conclusions : d'abord, on se placera à ce moment pour évaluer le montant de la dette[1] : *Si pater vel dominus constituerit se soluturum, quod fuit in peculio, non minueretur peculium eo quod ex ea causa obstrictus esse cœperit : et licet interierit peculium, non tamen liberatur.* « Si le père ou le maître promet de payer jusqu'à concurrence de ce qui était dans le pécule, celui-ci ne sera pas diminué par cela que le père ou le maître commencera d'être tenu ; mais le débiteur ne sera pas libéré si le pécule périt. » Il résulte bien de cela que le montant de la dette remonte au jour du pacte, et s'estime de ce jour-là, et indépendamment de ce qui peut arriver plus tard, puisqu'on déroge à cette règle que d'ordinaire la perte de la chose libère le débiteur quand cette perte n'est pas arrivée par sa faute.

Paul ajoute encore : *Nec enim quod crescit peculium aut decrescit, pertinet ad constitutoriam actionem.* « Que le pécule s'accroisse ou qu'il diminue, cela n'influe en rien sur l'action *constitutoria*. » Si les fluctuations que peut subir le pécule ne modifient en rien la dette, c'est donc bien que celle-ci doit être estimée au jour même du *constitut*. S'il en était autrement, comme le maître tenu *de peculio* ne l'est d'ordinaire que dans la limite du pécule, le droit sur le *constituens* serait variable avec le pécule lui-même.

En second lieu, la naissance postérieure d'une obli-

---

1. Loi 1, p. 8, h. t. — Loi 19, p. 2, h. t. — Loi 20, h. t.

gation n'exercera aucune influence sur la validité du pacte, *quia retrorsum se actio refert*. L'action se rapporte au temps de la promesse.

Il résulte donc de tout cela que l'obligation du *constitut* est indépendante de l'obligation préexistante, sans laquelle elle ne pourrait cependant avoir lieu, en ce sens qu'elle lui survit, lorsque l'obligation préexistante s'éteint autrement que par payement ou par satisfaction équivalente. Ainsi, en cas de *datio in solutum* l'obligation née du *constitut* s'éteindrait; elle ne s'éteindrait pas si l'autre obligation était paralysée par une exception. Mais alors le *constituens* pourrait, selon les cas, avoir une action de dol, ou une *condictio indebiti* s'il avait payé.

Pourvu que la dette soit existante, cela suffit; peu importe qu'on sache ou non quel est le débiteur. C'es-ce que décide Ulpien[1] : on peut, avant l'adition d'hés rédité, promettre de payer la dette du défunt : *Hactenut igitur constitutum valebit, si quod constituitur debitum sit, etiamsi nullus apparet, qui interim debeat; ut puta, si ante aditam hæreditatem debitoris vel capto eo ab hostibus, constituat quis se soluturum; nam et Pomponius scribit valere constitutum, quoniam debita pecunia constituta est.* « Ainsi le pacte sera valable si la somme dont il a été fait *constitut* est due, bien que pendant ce temps il n'y ait personne qui soit le débiteur; c'est ce qui arrive si, avant que quelqu'un fasse adition de l'hérédité du débiteur, ou pendant la captivité de celui-ci, quelqu'un promet de payer. Pomponius écrit que le pacte est

1. Loi 2. D. h. t.

valable, parce que la somme dont il s'agit est due. »

Dans le cas où l'hérédité est jacente, elle est *res nullius;* il n'y a donc pas de débiteur, bien que l'on puisse dire d'elle: *sustinet personam defuncti.* Si le débiteur est prisonnier, il a subi une *capitis deminutio* qui le prive de ses droits, s'il ne recouvre pas plus tard la liberté; car, s'il la recouvre, il est censé, en vertu de la fiction du *postliminium,* n'avoir jamais cessé d'être libre; s'il meurt en captivité, la loi *Cornelia* le suppose mort du jour où cette captivité a commencé. Mais en attendant qu'il y ait lieu d'appliquer la règle du *postliminium,* c'est-à-dire en attendant la mort du captif, car il peut toujours revenir tant qu'il vit, et celle de la loi *Cornelia,* il n'y a pas de débiteur.

Il n'en serait plus de même si le débiteur avait été condamné à la déportation, parce qu'il aurait subi la *maxima capitis deminutio* et que sa personne civile aurait été anéantie; ses biens avec leurs charges auraient passé au fisc[1].

Il y eut longtemps discussion sur la question de savoir si les obligations conditionnelles ou à terme pourraient faire l'objet d'un *constitut.* En effet l'édit du Préteur ne donnait action que pour ce qui était dû au moment même du pacte.

La dette sous condition n'existe pas tant que la condition n'est point réalisée[2]: *ex conditionali stipulatione tantum spes est debitum iri....* « de l'obligation conditionnelle il ne résulte que l'espérance d'une obligation... » Il y a

---

1. Loi 47. *De fidej.*
2. *Institutes.* Livr. 3, t. XV. *De verb. oblig.,* p. 4

cependant mieux qu'une espérance, quoi qu'en dise Justinien, car on évalue les obligations conditionnelles, et on les compte dans le calcul de la quarte Falcidie; de plus il est permis de recourir à des mesures conservatoires pour garantir les obligations de cette sorte, qui, en outre, et contrairement à ce qui arrive pour les legs, sont transmissibles aux héritiers. Comme la condition, une fois réalisée, rétroagit au jour où le contrat a eu lieu, et que dès lors elle est censée avoir existé du premier jour, on a fini par admettre que l'on pourrait faire valablement un *constitut*, qui serait subordonné à la réalisation de la condition. C'est cette doctrine que soutient Paul[1] : *Id quod sub conditione debetur, sive pure, sive certo die constituatur, eadem conditione suspenditur, ut existente conditione teneatur; deficiente utraque actio depereat.* « Lorsqu'il y a une dette conditionnelle, si l'on fait un *constitut* simplement ou à terme, le *constitut* est suspendu lui-même par la condition : si elle se réalise, on est tenu; si elle ne se réalise pas, les deux actions s'éteignent. » Désormais la question fut tranchée.

Les doutes que l'on pouvait concevoir à l'égard des obligations conditionnelles étaient moins naturels lorsqu'il s'agissait d'obligations à terme, puisque dans ce dernier cas il y avait obligation certaine, et non plus seulement espoir d'obligation, à ce point que l'on ne pouvait répéter ce qui était payé avant le terme. Aussi, dès l'époque d'Auguste, Labéon avait-il déclaré que l'on pouvait faire *constitut* d'une dette à terme; Ulpien[2] con-

---

1. Loi 19, *pr. de pec. const.*
2. Loi 3, p. 2, h. t.

sacra cette doctrine : *Si is qui et jure civili et prætorio debebat, in diem sit obligatus, an constituendo teneatur? Et Labeo ait teneri constitutum : quam sententiam Pedius probat. Et adjicit Labeo vel propter has potissimum pecunias quæ nondum peti possunt, constituta inducta. Quam sententiam non invitus probarem : habet enim utilitatem, ut ex die obligatus, constituendo se eadem die soluturum, teneatur.* « Si celui qui est obligé par le droit civil et par le droit prétorien est obligé à terme, est-il tenu en faisant *constitut?* Labéon dit qu'il doit être tenu et Pédius approuve cette opinion. Labéon ajoute que le pacte de *constitut* a été créé surtout en vue des sommes qui ne peuvent encore être demandées. J'approuve volontiers cette opinion, car elle a cette utilité que celui qui est obligé à partir d'un certain terme est tenu en faisant *constitut* pour le même jour. » La discussion n'avait donc pas été de longue durée en ce qui concerne les dettes à terme.

§ 2. — De l'identité d'objet entre la dette préexistante et le *constitut.*

Cet identité d'objet n'est point consacrée en termes exprès par les textes. Toutefois, M. Accarias suppose, avec raison, à notre avis, que cette condition était requise, à l'origine. En effet, on trouve encore dans les règles des traces de cette opinion. D'une part nous y voyons qu'on assimile le *constitut* au payement, ce qui fait supposer que ce pacte comme le payement, ne pouvait avoir d'autre objet que celui de la dette. D'autre part les jurisconsultes examinent une série de questions qui n'auraient pu se poser si de tout temps on avait admis que cette identité d'objet entre la dette et le *constitut* n'était pas une condition nécessaire de la validité du pacte que nous étudions.

Peu à peu, grâce à l'élasticité du *constitut*, à la facilité avec laquelle, par suite de l'absence de formes, il pouvait se modeler sur l'intention des parties, cette règle finit par ne plus être rigoureusement appliquée. Nous voyons alors qu'entre l'obligation originaire et celle qu'engendre le *constitut* il peut y avoir certaines différences que nous allons passer en revue.

Remarquons tout d'abord une application de notre règle qui a toujours subsisté. Si l'on a promis plus que la dette ne le comportait, ce surplus ne serait point dû, et, par conséquent, ne pourrait pas être réclamé par l'action *de pecunia constituta*. C'est ce qu'explique Ulpien[1] : *Si quis centum aureos debens ducentos constituat, in centum tantummodo tenetur, quia ea pecunia debita est. Ergo et is qui sortem, et usuras quæ non debebantur, constituit, tenebitur in sortem duntaxat.* « Si quelqu'un devant cent *aurei* a fait *constitut* pour deux cents, il est tenu seulement pour cent, parce que c'est cette dernière somme qui est due. Ainsi celui qui a fait *constitut* pour le capital, et pour les intérêts qu'il ne devait point, est tenu seulement dans la limite du capital. » C'est ce que dit encore Paul[2] : *Sed et si decem debeantur, et decem et Stichum constituat, potest dici decem tantummodo nomine teneri.* « Si, dix étant dus, on fait *constitut* pour dix et pour Stichus, on doit dire qu'on peut seulement réclamer

1. Loi 11, p. 1, h. t.
2. Loi 12, h. t.

dix à ce titre. » Il n'y a donc pas nullité, il y a seulement réduction de l'obligation qui résulte du pacte; il n'en est pas de même pour la *fidejussio*, parce qu'elle est un contrat de droit strict.

Probablement, l'analogie que le *constitut* présente avec le payement a fini par faire décider que le débiteur pourrait, avec le consentement du créancier payer *aliud pro alio*, c'est-à-dire en quelque sorte opérer une *datio in solutum* par *constitut*.

La manière dont les jurisconsultes posent la question nous montre qu'elle pouvait faire doute. Voici en quels termes Ulpien[1] admettait que l'on pût payer une chose pour une autre : *An potest aliud constitui quam quod debetur, quæsitum est. Sed cum jam placet rem pro se solvi posse, nihil prohibet, et aliud pro debito constitui. Denique si quis centum debens, frumentum ejusdem pretii constituat, puto vatere constitutum.* « On a demandé si l'on peut faire *constitut* d'autre chose que ce qui est dû. Rien n'empêche que l'on puisse faire *constitut* d'autre chose à la place de ce qui est dû, alors qu'on admet qu'on puisse payer une chose à la place d'une autre. Ainsi, si quelqu'un devant cent faisait *constitut* pour la même valeur de froment, je pense que le *constitut* serait valable. » Ulpien pose le principe d'une façon absolument-générale et ne fait aucune restriction; la règle est donc applicable aussi bien au *constitutum alieni debiti* qu'au *constitutum proprii debiti*.

L'obligation principale étant pure et simple, le *consti-*

1. Loi 1, p. 5, h. t.

tut pouvait-il être fait à terme? Cela a toujours été admis sans discussion ; mais il n'en a pas toujours été de même pour savoir si le *constitut* vaudrait, l'obligation étant à terme. Nous avons déjà vu que Labéon avait tranché affirmativement la question.

L'obligation étant pure et simple, le *constitut* pouvait être fait conditionnellement ; Paul[1] ne dit point que la question ait jamais été en litige : *Sed is qui pure debet, si sub conditione constituat, inquit Pomponius, in hunc utilem actionem esse.* « Si celui qui doit purement et simplement fait un *constitut* conditionnel, dit Pomponius, on peut exercer utilement l'action contre lui. » Nous avons vu que si la dette étant conditionnelle le *constitut* était pur et simple, on avait fini par admettre que la validité du pacte serait subordonnée à l'arrivée de la condition.

Il se peut que la modalité dont serait affectée la dette se trouve être l'alternativité. Dans ce cas, le *constitut* peut-il porter sur l'un des objets dus? Papinien se pose la question en ces termes[2] : *Illud aut illud debuit, et constituit alterum. An vero quod non constituit solvere possit quæsitum sit. Dixi non esse audiendum si velit hodie fidem constitutæ rei frangere.* « On doit telle ou telle chose, et l'on fait *constitut* de l'une. On se demande si l'on peut encore payer celle dont on n'a pas fait *constitut*. J'ai dit que cela ne doit pas être admis si l'on veut ensuite rompre l'engagement consenti. » Il résulte du dernier membre de phrase que l'on pourrait, avec l'assentiment

1. Loi 19, p. 1. *De pec. const.*
2. Loi 25, *pr.* h. t.

du créancier, donner la seconde chose, parce qu'alors ce ne serait pas rompre l'engagement. La dette étant alternative au choix du débiteur, celui-ci pourrait faire un *constitut* donnant le droit d'option au créancier, car s'il peut s'enlever ce droit en faisant le pacte pour une chose déterminée, il n'y a pas de raison pour qu'il ne puisse pas se l'enlever d'une façon différente; si l'on prend l'hypothèse inverse, la solution demeure la même. Enfin, la dette étant de deux objets cumulativement, le *constitut* peut être fait alternativement. En résumé, toutes les combinaisons sont donc possibles en matière d'alternativité.

Il n'y a aucune difficulté sur les conditions qui peuvent être faites quant au lieu du payement; la facilité de changer l'endroit où l'on paiera est précisément une des causes qui rendirent le *constitut* très utile.

CHAPITRE III

DES EFFETS DU PACTE DE CONSTITUT.

L'avantage des contrats soumis à des formes rigoureusement déterminées, — comme la stipulation, par exemple, — c'est que les effets qui en résultent sont certains à l'avance. En revanche, ils ont cet inconvénient que ces effets sont forcément limités et que le cercle de leurs opérations est très restreint.

Le *constitut* étant une convention indépendante des conditions de forme, les résultats qu'il produit peuvent varier suivant les circonstances, et il est impossible de les déterminer *a priori*. Pour les connaître, il faudra rechercher quelle a été l'intention des parties contractantes, dans chaque hypothèse.

Mais, indépendamment des effets particuliers qui peuvent résulter de la volonté exprimée ou sous-entendue des parties, ne pourrait-on pas établir une règle générale et se mettre d'accord sur les conséquences qu'engendre le *constitut* ? Ou, pour parler plus clairement, doit-on décider que le *constitut* vient ajouter une obligation nouvelle tout en laissant subsister la dette primitive, ou bien, au contraire, qu'elle éteint l'obligation originaire qui se trouve remplacée par une nouvelle?

Sur ce point capital, les interprètes ne sont pas d'accord. Les uns, comme Savigny[1], décident que les jurisconsultes romains ne s'entendaient pas sur l'effet du *constitut* : les uns admettant que ce pacte engendrait une obligation nouvelle qui venait simplement s'ajouter à l'ancienne, les autres voulant au contraire qu'il fût toujours extinctif. Suivant cet auteur, c'est la première opinion qui aurait fini par prévaloir.

M. Demangeat enseigne que le pacte de *constitut* éteint la dette primitive lorsqu'il est fait avec le débiteur, et qu'il la laisse subsister dans le cas où il est fait avec un tiers[2]. M. Machelard croit que même dans cette dernière hypothèse le *constitut* est extinctif.

Nous préférons, pour notre part, suivre l'opinion de MM. Bodin[3] et Accarias[4]. Suivant ces éminents auteurs,

1. *Droit des obligations*, § 18.
2. *Des obligations solidaires*, p. 85 et suiv.
3. *Des effets du Constitut. Revue Pratique*, 1866, p. 209 et suiv.
4. *Précis de Dr. rom.*, p. 760 et suiv.

on ne peut pas dire *a priori* que dans tous les cas ou même dans tel ou tel cas déterminé le *constitut* sera extinctif ou non. C'est une question d'intention. Pour trancher la difficulté, nous examinerons, avec eux, les diverses hypothèses qui peuvent se présenter et nous rechercherons quelle a été la volonté exprimée ou sous-entendue des parties contractantes.

1re HYPOTHÈSE. — *Le* constitut *intervient entre l'ancien débiteur et l'ancien créancier.*

Remarquons d'abord l'utilité pratique du pacte de *constitut,* dans ce cas. Il peut servir à changer la date ou le lieu du payement [1] sans que les parties soient obligées, pour obtenir ce résultat, de recourir à une novation, c'est-à-dire à la stipulation. En second lieu, si la première obligation n'engendrait qu'une action temporaire, le *constitut* servait ici à préserver le créancier contre l'extinction de son droit [2]. Si l'obligation primitive était simplement naturelle, le *constitut* venait la corroborer en faisant naître une action au profit du créancier. Enfin lorsqu'on eut admis que l'on pourrait constituer *aliud pro alio,* le *constitut* servit aussi à changer l'objet de la dette.

Mais faut-il décider que dans tous les cas que nous venons d'envisager le *constitut* éteignait l'obligation primitive?

Il faut décider que ce résultat se produira nécessairement si les parties ont exprimé leur volonté à cet égard.

1. L. 3 § 2. — L. 4. — L. 5, *pr.* D. h. t.
2. L. 18 § 1. D. h. t.

Sur ce point la question ne saurait faire doute, à notre avis. Elle serait plus embarrassante si la convention était muette à cet égard. C'est ici que s'appliquera le principe posé plus haut, à savoir, qu'il faut interpréter la convention d'après l'intention présumée des parties.

Peut-être nous objectera-t-on que notre système aboutit à une violation de la règle d'après laquelle la novation ne se présume pas, qu'elle doit être, au contraire, formellement exprimée. Nous répondrons que cette règle n'est point applicable, en notre matière, car nous ne sommes pas ici en présence d'une novation.

La novation en effet est un mode d'extinction des obligations qui opère *ipso jure*; elle a lieu par voie de stipulation; elle suppose *idem debitum*.

L'extinction de l'obligation, dans le cas de *constitut* ne présente pas ces caractères. Dans cette hypothèse l'obligation primitive ne s'éteint pas *ipso jure*, puisque le *constitut* n'est pas énuméré parmi les modes d'extinction des obligations consacrées par le droit civil; elle s'éteint *exceptionis ope;* le débiteur aura l'exception de dol contre le créancier qui voudrait diriger contre lui sa première action. Enfin, le *constitut* peut porter sur un objet différent de celui de la dette originaire.

L'assimilation entre la novation et l'extinction par voie de *constitut* est donc impossible; il en résulte qu'on ne pourra appliquer à notre matière les règles de la novation.

Concluons de ce qui précède qu'il est parfaitement permis pour savoir si le *constitut* éteint ou non la dette primitive, de rechercher l'intention présumée des parties.

Maintenant appliquons notre procédé à quelques-uns des exemples cités plus haut.

Voilà par exemple un *constitut* dans lequel l'objet de la dette primitive a été changé. Dans ce cas nous croyons avec M. Accarias qu'il ne saurait y avoir doute sur l'effet extinctif de l'obligation primitive. Si c'est seulement une modalité qui a été changée, nous présumerions, au contraire, que la première dette subsiste.

2e Hypothèse. — *Le* constitut *est fait par un nouveau débiteur.*

Il est possible ici que les parties aient voulu éteindre l'obligation primitive et la remplacer par une nouvelle. Dans ce cas le *constitut* offrira une grande analogie avec l'*expromissio*. A la différence de l'*expromissio* le *constitut* n'opérera qu'*exceptionis ope*, mais sans qu'il soit besoin de recourir à une formule; il pourra donc intervenir entre absents. Il en serait autrement pour l'*expromissio*.

Mais il est possible que les parties n'aient pas voulu éteindre l'obligation primitive, mais seulement ajouter la garantie d'un débiteur accessoire. C'est même là le résultat que produira habituellement le *constitut* dans notre hypothèse, car les textes supposent toujours que le nouveau débiteur est une caution et non un *expromissor* [1].

Mais on aurait tort d'en conclure que c'est là le seul effet que puisse produire le *constitut* fait par un nouveau débiteur. La vérité est que, dans le doute, on pré-

1. L. 28, D. h. t. — L. 15, D. XV-3. — L. 3 § 2, D. *de adm. rer. ad civ. pert.*

sume que ce débiteur intervient comme caution et non comme *expromissor* [1].

Si nous supposons que les parties ont voulu non pas substituer une obligation nouvelle à l'ancienne, mais créer une obligation accessoire. ou, ce qui est la même chose, si les parties n'ont pas exprimé leur intention sur ce point, le *constitut* produira des effets analogues à ceux de la fidéjussion.

Mais il y aura entre le *constitut* et la fidéjussion certaines différences.

En premier lieu celles qui résultent de la forme des deux actes, et de la nature de l'action qui les sanctionne. Ensuite la fidéjussion ne peut pas intervenir dans tous les cas où un *constitut* est possible, ainsi la fidéjussion suppose un débiteur principal; pour le *constitut* il n'est pas indispensable qu'il y ait un débiteur; il suffit qu'il y ait une dette préexistante [2]. En outre, si la somme cautionnée par le fidéjusseur est plus forte que celle qui est due par le débiteur principal, la fidéjussion est nulle pour le tout, tandis que dans le même cas le *constitut* est simplement réductible. L'obligation du débiteur qui constitue la dette d'autrui n'est pas soumise aux restrictions que la loi Cornelia et le rescrit d'Adrien ont établies en matière de fidéjussion; ajoutons encore que la *litis contestatio* avec le débiteur principal éteignait l'obligation du fidéjusseur, tandis qu'elle laissait subsister celle du constituant.

Toutes ces différences, ainsi que le fait fort justement

1. MM. Bodin, Accarias, *loc. cit.*
2. L. 11 *pr.* D. h. t.

remarquer M. Accarias, étaient en faveur du créancier et faisaient du *constitut* un mode de garantie plus énergique que celui qui résultait de la fidéjussion.

Sous Justinien ces différences se sont atténuées et ont même fini par s'effacer à peu près complètement. A cette époque le bénéfice de division[1] et de discussion[2] s'applique aux constituants comme aux fidéjusseurs. Il est probable que le constituant jouissait, dès l'époque classique, du bénéfice de cession d'actions. D'autre part la *litis contestatio*, sous Justinien, n'éteint pas plus l'obligation du fidéjusseur que celle du constituant.

3e Hypothèse. — *Le* constitut *est fait à un nouveau créancier.*

Ici les parties se proposent soit d'adjoindre un nouveau créancier à l'ancien, soit de remplacer l'un par l'autre. Le résultat de l'acte dépendra de l'intention des parties, mais dans le doute il est bien difficile de dire quel sera l'effet de l'acte, les textes s'étant très rarement occupés de notre hypothèse, qui probablement était peu pratique.

Si les parties ont voulu produire le premier de ces résultats, le nouveau créancier aura une situation analogue à celle de l'*adstipulator* : il pourra exercer des poursuites contre le débiteur au moyen de l'action *de pecunia constituta*, sauf à rendre compte de son mandat au créancier primitif, son mandant. Mais à la différence de ce qui arrive pour l'*adstipulator*, le mandat du créancier par *constitut* ne s'éteindra pas à sa mort.

1. L. 3 c. h. t.
2. Nov. 4. Nov. 136

Les parties ont-elles voulu au contraire substituer le nouveau créancier à l'ancien, en ce cas l'opération se rapprochera de la novation. Nous avons vu les différences qui séparent la novation proprement dite de l'extinction par voie de *constitut*; nous n'avons pas à y revenir : les observations que nous avons présentées à ce sujet trouvent ici leur application.

CHAPITRE IV

DE L'ACTION *de pecunia constituta* ET DES CONDITIONS DANS LESQUELLES ELLE EST EXERCÉE.

Le [pacte de *constitut*, d'origine prétorienne, donne naissance à une action prétorienne, que les auteurs appellent tantôt action *constitutoria*, tantôt action *pecuniæ constitutæ*, tantôt action *de pecunia constituta*.

Ulpien nous apprend que l'action *pecuniæ constitutæ* était une action *rei persecutoria;* et voici ce qu'il dit à cet égard : *Et re autem est hic subjungere, utrum pœnam contineat hæc actio, an rei persecutionem. Et magis est, ut etiam Marcellus putat, ut rei sit persecutio* [1]. « Et c'est l'occasion d'examiner si cette action est pénale, ou persécutoire. Il faut plutôt dire, ainsi que le pense Marcellus, qu'elle est persécutoire de la chose ».

Nous ne contredisons point l'opinion d'Ulpien, mais nous pensons qu'il n'en a pas toujours été ainsi. Les jurisconsultes antérieurs à Gaïus nous représentent gé-

1. Loi 18, p. 2, h. t.

néralement l'action de *constitut* comme accompagnée d'une *sponsio pœnalis dimidiæ partis* ; ceux qui l'ont suivi la passent sous silence. La *sponsio* et la *restipulatio*[1] qui suivaient, sont peu à peu tombées en désuétude, et l'action s'est modifiée ; à l'origine elle était, semble-t-il, pénale. Après Gaïus, elle tendit à faire exécuter un contrat, elle fut *rei persecutoria*, et transmissible passivement et activement. Elle avait donc totalement changé de caractère.

Cependant, le texte précité d'Ulpien paraît montrer qu'il y avait peut-être encore doute à son époque ; tout au moins témoigne-t-il que le doute avait existé. *Magis est* n'est pas une affirmation bien nette.

Des auteurs ont restitué le texte de l'édit, en comparant différents passages du Digeste[2], et en faisant les extraits appropriés, ils sont arrivés à ceci : *Qui pecuniam debitam constituit, si appareat eum qui constituit neque solvisse, neque fecisse, neque per actorem stetisse quominus fieret, quod constitutum est, eamque pecuniam, cum constituebatur, debitam fuisse, judicium dabo.* Ainsi que l'observe très judicieusement Bruns, cette restitution ne doit pas être adoptée, car elle est d'un style trop diffus, et qui rend son exactitude invraisemblable ; il y a des redites sans utilité : *qui constituit* fait double emploi avec *si appareat eum qui constituit;* il en est de même de *qui pecuniam debitam constituit ;* avec *eamque pecuniam.... debitam fuisse.*

Bruns[3] donne donc la restitution suivante : *Si appareat*

1. Gaïus, L. 4, p. 93 et 165.
2. Lois 1, p. 1 ; 16, p. 2 ; 18, p. 1 ; 16, p. 4 ; 17 ; 18 *pr.* h. t.
3. Bruns, p. 48 et 59.

cum qui constituit neque solvisse, neque fecisse, neque per actorem stetisse, quominus fieret quod constitutum est, eamque pecuniam cum constituebatur debitam fuisse, tenetur ou *judicium dabo*, ou *constituendo tenetur*, ou *satisfacere cogam*. Cette restitution nous semble préférable à la précédente, car on ne peut lui faire les mêmes reproches.

La formule est *in factum*. Lorsque le préteur a créé des droits nouveaux, il a dû employer des détours, et jamais nous ne voyons l'exemple d'une formule *in jus* imaginée par lui. La formule *in factum* a ce caractère particulier qu'elle n'invoque pas une loi, qu'elle ne paraît pas être une prétention fondée selon le droit civil. Il faut donc tenir compte de cette particularité, et des fractions que l'on possède de l'édit pour restituer la formule qui devait être ainsi conçue : *Si paret Numerium Negidium Aulo Agerio decem millia H. S. calendis januariis se soluturum constituisse, neque eam pecuniam calendis januariis solvisse, neque per actorem stetisse, quominus fieret quod constitutum est, eamque pecuniam quam constituebatur debitam fuisse, — quanti ea res erit Numerium Negidium Aulo Agerio condemna.* Nous observons donc, d'abord que l'*intentio* est *in factum*, ensuite que la *condemnatio* n'est pas *certæ pecuniæ*. En effet, ainsi que le fait remarquer Ulpien, il ne s'agit pas seulement de payer la somme promise, il s'agit aussi de se reporter à la fixation du jour [1] : *Hæc autem verba prætoris* neque fecisse reum quod constituit, utrum ad tempus constituti pertinent, an vero usque ad litis contestationem trahimus.

[1] Loi 16, p. 4, h. t.

dubitari potest. Et puto ad tempus constituti. « Nous nous demandons, et l'on peut hésiter, si ces paroles du préteur, *si celui qui a fait constitut n'a pas payé*, sont relatives au temps du *constitut* ou à celui de la *litis contestatio ;* je pense qu'elles sont relatives au temps du *constitut.* » Le même jurisconsulte[1] émet encore ailleurs la même opinion : *Item illa verba prætoris neque per actorem stetisse eamdem recipiunt dubitationem. Et Pomponius dubitat si forte ad diem constituti per actorem non steterit, ante stetit vel postea. Et puto hæc ad diem constituti referenda.....* « Il y a également le même doute pour ces paroles du préteur : *S'il n'y a pas eu obstacle de la part du demandeur.* Et Pomponius se demande ce qu'il en serait s'il n'y avait pas eu obstacle de la part du demandeur au jour du *constitut,* mais qu'il l'eût fait avant ou après. Je pense qu'il faut se reporter au jour du *constitut.* » Le fondement de l'action est donc que le débiteur n'a pas payé au jour dit; et si le payement n'a pas lieu au jour dit, le créancier peut réclamer des dommages et intérêts. Si ce n'était cela, que signifieraient donc les deux textes d'Ulpien?

Cependant un passage de Paul paraît contredire notre solution[2] : *Sed et si alia die offerat, nec actor accipere voluit, nec ulla causa justa fuit non accipiendi, æquum est succurri reo aut exceptione, aut justa interpretatione, ut factum actoris usque ad tempus judicii ipsi noceat : ut illa verba,* neque fecisse, *hoc significent ut neque in diem in quem constituit, fecerit, neque postea.* « Mais s'il fait des

1. Loi 18, pr. h. t.
2. Loi 17, h. t.

offres un autre jour, et que le demandeur refuse d'accepter, sans avoir un juste motif de ne pas accepter, il est juste de venir au secours du défendeur ou par une exception, ou par une interprétation équitable de la convention, de telle sorte que le fait du demandeur lui nuise jusqu'à l'époque du jugement. Ces paroles, *et qu'il n'a ni fait ni payé* signifient donc ceci qu'il n'aurait ni fait ni payé au jour fixé par le *constitut* ou après. » Le texte de Paul ne contredit point celui d'Ulpien ; bien au contraire, il le corrobore. En effet, il admet qu'il doit y avoir lieu à une estimation ; et s'il dit que le débiteur doit être secouru lorsqu'il paye après le jour fixé, mais avant la *litis contestatio*, c'est seulement lorsque le demandeur n'avait aucun intérêt à être payé au jour déterminé ; d'après Paul, comme d'après Ulpien, la question des dommages et intérêts doit donc être soulevée.

L'action *de pecunia constituta* a si bien ce caractère d'action en dommages et intérêts, l'opinion d'Ulpien[1] et de Paul[2] sur cette matière est si bien fixée, que ces deux jurisconsultes distinguent ailleurs entre l'action selon qu'elle est *de pecunia constituta*, ou seulement *de sorte*, cette seconde action ayant trait seulement à l'obligation primitive, et la première se rapportant à l'indemnité qui peut être due au créancier. C'est Ulpien qui établit, au titre *de jurejurando*, cette distinction de la façon la plus formelle : *Si actor deferat jusjurandum de sola pecunia constituta, et reus juraverit, exceptione utetur, si de constituta conveniatur. Sed et si de sorte, id est de priore obliga-*

1. Loi 16, *De jurejurando*. — Loi 18, p. 3, h. t.
2. Loi 22, h. t.

tione conveniatur, exceptio cessabit, nisi de hac quoque jura-verit, adversario deferente. « Si le demandeur défère le serment sur la seule promesse de *constitut*, et que le défendeur jure, le défendeur aura l'exception si on plaide sur la promesse de *constitut*. Mais si c'est sur le capital, c'est-à-dire sur la première obligation que l'on plaide, l'exception n'aura pas lieu, à moins que cela ait été compris dans le serment déféré par l'adversaire. » Assurément ce texte veut bien dire, puisqu'il parle de la première obligation, que la première obligation n'a pas été réduite à néant par cela seul que la seconde a pris naissance ; mais cela signifie aussi, puisque le juris-consulte prend la peine de spécifier que c'est de la pre-mière obligation qu'il s'agit lorsque l'action porte sur le capital, que la seconde obligation ne porte pas sur le capital seulement, et qu'elle a une portée plus grande. La loi 36 *de jurejurando* confirme donc les autres textes cités.

Si Ulpien se demandait[1] *utrum pœnam contineat hæc actio, an rei persecutionem,* ce n'était donc pas à cause de la *sponsio dimidiæ partis,* qui ne rend pas plus cette action pénale qu'elle ne rend pénale la *condictio certæ pecuniæ*[2], c'est à cause du caractère, de la nature même de l'action. En effet, Ulpien[3] et Paul[4] définissent ainsi l'action que l'on appelle pénale unilatérale : *Hæc actio non est pœnalis, sed rei persecutionem arbitrio judicis con-*

1. Loi 18, p. 2, h. t.
2. Gaïus, IV, 171.
3. Loi 4, p. 6, *De alienatione judicii mutandi causa facta.* — Loi 6.
4. Loi 5, *eodem titulo.*

tinet; quare et hæredi dabitur; in hæredem autem, vel si-
milem, vel post annum non dabitur. « Cette action n'est
point pénale ; elle contient la poursuite de la chose par
l'ordre du juge ; c'est pour cela qu'elle est donnée à l'héritier ; mais elle n'est point donnée contre l'héritier, ni
contre celui qui lui ressemble, ni après l'année. » Et
Gaïus ajoute : *Quia pertinet quidem ad rei persecutionem*
videtur autem ex delicto dari ; « parce qu'elle concerne
bien à la vérité la poursuite de la chose, mais qu'elle
paraît être donnée comme résultant d'un délit[1]. » Et
cette action, que l'on définit ainsi a bien le même caractère que l'action *de pecunia constituta,* puisqu'Ulpien[2] dit
d'elle : *hæc actio in id quod interest competit.* Dans d'autres
textes Ulpien[3] et Paul[4] indiquent et développent les caractères et les effets sus-indiqués de ces actions que les
commentateurs appellent pénales unilatérales.

Les deux conditions exigées pour l'exercice de l'action
sont, la promesse de payer à jour fixe, et l'inexécution de
la promesse au jour dit. cette dernière condition étant
d'ailleurs subordonnée aux tempéraments que nous
avons étudiés plus haut. En matière de *constitut,* il n'y
avait donc pas de *mora* pour l'exercice de l'action. En
effet, la *mora* est un retard dans l'exécution ; or, le
pacte de *constitut* consiste tout spécialement dans le payement à jour fixe ; si l'on n'a pas payé, il y a donc inexé-

1. Loi 7, *eod. tit.*
2. Loi 4, p. 5. *eod. tit.*
3. Loi 9, p. 8 et Loi 11. *De rebus auctoritate judicii possidendis.* — Loi 3,
pr. de vi et de vi armata. — Loi 9, p. 1. *quod falso tutore auctore gestum esse*
dicatur.
4. Loi 55. *pr. De obligationibus et actionibus.*

cution. Par ces motifs, le créancier doit payer de lui-même et n'a pas à attendre une *interpellatio*.

Cependant Ulpien[1], après avoir déclaré que c'était au jour même fixé par le *constitut* qu'il fallait se reporter, ajoute : *Proinde si, valetudine impeditus, aut vi, aut tempestate, petitor non venit, ipsi nocere Pomponius scribit.* « Ainsi, si empêché par sa santé, par la force, ou par la tempête, le demandeur n'est pas venu, Pomponius écrit que cela doit lui nuire. » Il ne s'agit point de *mora*, mais le demandeur ne doit pas mettre obstacle au payement, et il est même responsable, d'après Ulpien, des empêchements indépendants de sa volonté ; mais le jurisconsulte ne parle point de la mise en demeure du créancier d'avoir à recevoir le payement ; c'est l'arrivée même du jour qui le met en demeure, et lorsqu'il a indiqué un lieu de payement pour recevoir son argent, il doit être là ; s'il n'y est pas, point n'est besoin que le débiteur accomplisse des formalités : le simple retard suffit pour que le créancier soit dans son tort, et en souffre.

La fixation du jour, le *dies*, était donc le principal élément du *constitut ;* cela se modifia, et cette importance capitale du *dies* s'effaça, lorsqu'on prit l'habitude par changement de créancier, de débiteur, d'objet, de modalités. Alors le pacte se modifia lui-même dans son essence ; l'action qui en résulta devint perpétuelle, et la *mora* commença d'avoir une raison d'être, ainsi que l'explique Bruns[2]. Aussi Ulpien[3] en parle-t-il. Le juris-

1. Loi 18, *pr. in fine.*
2. Bruns, p. 67, 69, 91.
3. Loi 14, p. 2.

consulte est d'avis qu'on est tenu quand on a promis qu'un autre répondrait pour soi, et que cet autre refuserait de répondre ; et il ajoute : *Quid si ante decessit? Si mora interveniente, æquum est teneri eum qui constituit, vel in quod interest, vel ut aliam personam non minus idoneam fidejubentem præstet : si nulla mora interveniente, magis puto non teneri.* « Qu'arriverait-il si le fidéjusseur mourait avant d'avoir répondu? S'il mourait étant en demeure, il est juste que celui qui a consenti le *constitut* soit tenu, soit aux dommages et intérêts, soit à fournir un autre fidéjusseur solvable ; s'il meurt n'étant pas *in mora*, je pense qu'il est préférable de dire que le constituant n'est pas tenu. » Voilà donc la *mora* qui fait son apparition ; il y a là une innovation, constatée par le texte d'Ulpien et qui montre bien la modification qu'avait subie l'action *de pecunia constituta.*

Des textes que nous avons cités dans les différentes parties de cette étude, il résulte très nettement que l'action *in factum* prétorienne *de pecunia constituta* avait été créée *quoniam grave est fidem fallere ;* elle ressemble par là à une action *bonæ fidei.* Cette ressemblance paraît résulter encore de ce passage d'Ulpien [1] : *sed et certo loco et tempore constituere quis potest. Nec solum eo loci posse eum petere, ubi ei constitutum est : sed exemplo arbitrariæ actionis, ubique potest.* « On peut faire *constitut* pour un endroit et pour une époque déterminée. On peut demander non seulement à l'endroit fixé par le constitut, mais, à l'exemple de l'action arbitraire, partout

1. Loi 16, p. 1, h. t.

ailleurs. » Paul [1], définissant les actions de bonne foi, et donnant leur caractère, constate précisément que les seules actions de bonne foi peuvent être intentées de la sorte : *In bonæ fidei judiciis, etiam si in contrahendo convenit, ut certo loco quid præstetur, ex empto, vel vendito, vel depositi actio competit, non arbitraria actio.* « Dans les actions de bonne foi, même si l'on avait convenu que la chose serait fournie en un endroit déterminé, l'action qui dérive de l'achat, de la vente ou du dépôt peut être exercée, mais non l'action de bonne foi. » Si l'on demande ce qui est dû ailleurs qu'à l'endroit convenu, on ne peut se servir de l'action *de eo certo loco*, mais on peut se servir de l'action du contrat, quand c'est une action de bonne foi ; voilà ce que dit Paul ; l'action de *pecunia constitua*, qui offre ce caractère, se rapproche donc des actions *bonæ fidei*.

A d'autres points de vue : au point de vue de l'objet et de la procédure, elle ressemble, au contraire, à une action *stricti juris*, notamment à l'action *ex mutuo* ou *condictio certi.*

A côté de l'action *de pecunia constituta*, il y avait l'action *de pecunia constituta utilis ;* c'est ce qui arrivait d'ailleurs à toutes ou presque toutes les actions romaines, fussent-elles prétoriennes : elles étaient étendues *utilitatis causa*. De sorte que l'on avait cette gradation de l'action civile, qui dérivait de la loi, de l'action prétorienne que le magistrat avait d'abord imaginée et qu'il avait créée par extension, et enfin de l'action utile que, plus

---

1. Loi 7, *De eo quod certo loco.*

tard encore des magistrats, plus novateurs que les premiers, avaient greffée sur les deux premières voies de droit, dont la seconde était déjà un dérivé de la première.

Ulpien[1] nous apprend que l'action utile doit être donnée aux municipes, au pupille, au furieux et au mineur, quand un *constitut* a été consenti à l'*actor* municipal, au tuteur ou pour le compte de ceux dont ils gèrent les intérêts. C'est encore cette action que Paul[2] donne au fidéicommissaire et à l'héritier véritable, car, ainsi que nous l'apprend Marcien[3], le sénatusconsulte Trébellien ne transfère pas l'action de la tête du grevé sur celle du fidéicommissaire. Quant à ce qui est de l'héritier véritable, Paul[4], Ulpien et Papinien[5], nous disent qu'il n'a que le droit de demander la cession des actions qui lui sont alors données *utilitatis causa*. A côté de l'action prétorienne, il y avait donc bien l'action utile.

L'action de *pecunia constituta* a pour effet, ainsi que nous l'avons vu, de faire obtenir au demandeur *id quod interest*, et elle était accompagnée, au moins dans les débuts, d'une *sponsio pœnalis dimidiæ partis*, Annale, dans les débuts, elle devint perpétuelle; elle était conçue *in factum*, et était de bonne foi; longtemps il n'y eut pas besoin, pour son exercice, que le débiteur fût *in mora*.

---

1. Loi, 5, p. 9, h. t.
2. Loi 22, h. t.
3. Loi 73. *Ad Senatus consultum Trebellianum.*
4. Loi 30. *De hæreditatis petitiones.*
5. Loi 16, p. 5, *Ad S. C. Trebellianum.*

Tels sont les principaux caractères qui affectaient l'action de *pecunia constituta;* il ne nous reste plus, pour la bien connaître, qu'à examiner quelles exceptions pouvaient lui être opposées, et dans quelles conditions elles le pouvaient.

On pouvait opposer à l'action non seulement des exceptions, mais aussi d'autres moyens de défense, fondés sur des considérations personnelles au débiteur, et qui constituaient en quelque sorte pour lui des privilèges; nous voulons parler du bénéfice de compétence.

Le bénéfice de compétence, qui donne au débiteur l'avantage de n'être condamné que dans la limite de ses moyens, *in id quod facere potest,* est donné au débiteur, tantôt en considération de lui-même, tantôt en considération des rapports qu'il a avec son créancier. Ainsi, de quelque personne que le *miles* soit débiteur il jouit du bénéfice de compétence; dans ce cas, si le *constitut* avait lieu par changement de débiteur, comme ce ne serait plus le *miles* qui serait le débiteur, il n'y aurait plus lieu au bénéfice de compétence. Nous ne trouvons l'autre cas indiqué qu'une seule fois dans le titre *de pecunia constituta;* c'est Ulpien[1] qui nous fournit l'exemple que nous citons : *quod si maritus plus constituit ex dote quam facere poterat, quia debitum constituerit, in solidum tenetur; sed mulieri in quantum facere potest condemnatur.* « Si le mari a fait *constitut* de la dot de sa femme au delà des moyens, comme il a fait *constitut* de ce qu'il devait, il est tenu pour le tout; mais il n'est condamné envers sa

---

1. Loi 3, *pr.,* h. t.

femme que dans la limite de ses moyens. « Si le pacte
était consenti par le mari à un tiers, et que ce tiers ne
fût pas un débiteur accessoire et pour le compte de la
femme, mais qu'il devînt débiteur principal, le mari ne
jouirait plus du bénéfice.

A côté du bénéfice de compétence, qui n'était accordé
que dans des cas spéciaux, le débiteur pouvait encore
recourir au bénéfice de division et au bénéfice de discussion.

La loi *Furia de sponsu*, qui avait créé le bénéfice de
division au profit des *sponsores*, qui ne paraît pas avoir
été étendue de tout temps aux constituants. Justinien [1]
leur reconnaît ce bénéfice sans donner de détails ; il résulte
de ce qu'il ne s'appliquait qu'au *constitutum debiti alieni*.

Le même empereur [2] imagina le bénéfice de discussion
en faveur des cautions ; il fallait poursuivre d'abord le
débiteur principal et discuter, c'est-à-dire faire vendre
ses biens, avant de poursuivre les accessoires. Nous
observerons que Justinien n'a eu en vue que le *constitut*
servant à opérer un cautionnement ; et, outre que
puisque désormais le *constituens debiti alieni* put faire
discuter le débiteur principal, et par conséquent puisqu'il put faire remonter à l'obligation primitive, il fut
libéré lorsque l'obligation primitive était éteinte : il y
eut donc un nouveau mode d'extinction du *constitut*,
mode indirect et dérivé, l'extinction de l'ancienne
dette.

Tant que le bénéfice de discussion ne fut pas admis,

1. Loi 3, C. *De pect. const.*
2. Novelle IV.

l'extinction de l'obligatien primitive, conformément à la doctrine d'Ulpien[1] de Celse et et de Julien, ne put entraîner celle du *constitut*, et par conséquent le débiteur n'eut pas d'exception de ce chef.

Les exceptions qui peuvent être opposées à l'action *de pecunia constituta* sont celles qu'on peut opposer à toutes les actions générales, et il n'y a pas ici de conditions spéciales.

1. Loi 18, p. 1, h. t.

DROIT CIVIL FRANÇAIS

Les garanties du Trésor sur les biens des comptables sont de trois sortes :

1° Les cautionnements ;

2° Le privilège sur les meubles et immeubles ;

3° L'hypothèque légale.

Nous bornerons notre étude à ces trois garanties que nous examinerons successivement dans trois sections.

SECTION PREMIÈRE

DES CAUTIONNEMENTS

CHAPITRE PREMIER

ORGANISATION DES CAUTIONNEMENTS

L'idée de garantir l'État et les particuliers, en imposant aux comptables l'obligation de consigner une somme, que l'on appelle cautionnement, ou d'engager des immeubles en payement des dettes résultant de leurs fonctions, n'est point nouvelle. Dans la Grèce antique les fermiers ou adjudicataires de la perception des deniers publics étaient soumis à un cautionnement[1].

Il en était de même à Rome, ainsi qu'en témoignent différents textes du Code et du Digeste[2].

En France, sous l'ancien régime, on se rallia aux mêmes principes. Différents arrêts du Conseil du Roi, dont le premier est du 1er avril 1750, et le dernier, du 8 mars 1771, soumirent à des règles fixes les cautionnements des employés des fermes royales. Un arrêt du 17 février 1779 généralisa ces mesures en les étendant à tous les fonctionnaires de l'ordre financier. Désormais les commis, préposés et receveurs ne purent plus distraire les deniers de leurs recettes, pour attribuer, ces deniers, qui étaient ceux de l'État, au paiement de leur cautionnement, c'est-à-dire à leur obligation propre et personnelle; et, si l'on ne se préoccupa point de l'origine de l'argent versé en garantie, si on respecta le privilège des prêteurs, ce privilège ne vint qu'en seconde ligne, après celui du Trésor public, ou plutôt, pour parler plus exactement, et pour employer les expressions mêmes de Merlin, il ne vient qu'après ceux du Roi et de ses fermiers, administrateurs et régisseurs généraux. On assurait donc ainsi, d'une façon sérieuse, le recours de l'État; les différents articles de l'arrêt du 17 février perfectionnèrent encore ce système, et le corroborèrent en prenant, avec un soin minutieux, des décisions sur toutes les questions de détail administratif.

1. Plutarque, *Vie d'Alcibiade*.
2. Loi 15. D. *Ad municip.* — Loi 2, C. *Peciculo nominat.* — Loi 68, *princip.* D. *de Fidej.* — Loi 68, C. *de peciculo eorum.*

L'Assemblée Constituante, qui modifia si profondément toute l'économie de l'organisation de la France, et unifia tous les services, supprima les compagnies de finances; en conséquence la loi du 22 septembre 1791 ordonna le remboursement des cautionnements.

La Convention, par les lois du 14 pluviôse an II et du 7 floréal an III, abandonna la voie tracée par l'ancien régime : les receveurs, nommés désormais par l'État et agissant directement pour le compte de l'État, ne furent plus soumis à un cautionnement.

On ne tarda pas à reconnaître toutes les défectuosités de ce système; la loi du 15 germinal an IV imposa aux receveurs des contributions directes l'obligation d'un cautionnement en immeubles; la loi du 6 frimaire an VIII exigea un versement de numéraire. Les lois des 7, 27 ventôse et 4 germinal an VIII, des 27 et 28 ventôse an IX, des 5 ventôse et 16 germinal an XII étendirent cette obligation à tous les comptables et receveurs de deniers publics. La loi du 25 ventôse an XI établit les mêmes principes pour les officiers ministériels, et affecta un premier privilège à la garantie des condamnations prononcées contre eux, en raison de leurs fonctions, sur leurs cautionnements; leurs créanciers ordinaires furent encore primés par les personnes ayant prêté le cautionnement.

D'autre part, les fournisseurs, entrepreneurs et concessionnaires de services et de travaux d'utilité publique ont été successivement soumis, par des lois, par des ordonnances et par des règlements, à la même obligation. Il en a été de même, mais d'une façon intermit-

5

tente, pour les propriétaires et gérants de journaux et écrits périodiques ; la loi du 29 juillet 1881 vient récemment de les affranchir de cette nécessité.

Les cautionnements sont en général réglés par les lois. Quand la quotité n'a pas été ainsi déterminée, elle est fixée par un décret rendu sur le rapport du ministre compétent, d'accord avec le ministre des finances[1].

Tel est sommairement l'état de la législation sur l'établissement des cautionnements ; nous allons maintenant entrer dans quelques détails.

Merlin[2] définit ainsi le cautionnement : « C'est une somme que certains employés et fonctionnaires publics sont obligés de consigner pour servir de garantie, tant contre les divertissements de deniers que contre les abus de fonctions qui peuvent compromettre l'intérêt public et exciter de justes réclamations. »

Le cautionnement des journaux n'est pas compris dans cette définition, qui s'applique exclusivement aux fonctionnaires. Elle est cependant défectueuse en un point, car elle omet les rentes, et principalement les cautionnements en immeubles, qui, évidemment, ne sont point consignés[3], et qui sont constitués au moyen d'hypothèques. Il serait superflu d'insister davantage sur ce point ; et, sous le bénéfice de cette observation, les expressions de Merlin sont irréprochables.

1. Art. 14 de la loi du 8 août 1847. — Art. 286 du décret du 31 mai 1862.
2. Merlin, *Répertoire*, t. II, p. 107.
3. Charles Géraud, *Dictionnaire de comptabilité, domaines, hypothèques, manutention et procédure*, t. I, p. 193, n° 1340.

La définition dont nous parlons fut quelquefois démentie par la pratique, et certains abus se produisirent, quoique la théorie fut des mieux justifiées. C'est ainsi qu'après les traités de 1815, le Trésor étant obéré, à la suite des invasions, par le payement des indemnités de la guerre, le Gouvernement, pour se procurer des ressources demanda aux fonctionnaires des suppléments de cautionnement. L'usage de ces expédients financiers et les inconvénients qu'ils amenèrent avec eux ne doivent point faire condamner les cautionnements. Pour recouvrer les impôts, on est contraint de recourir à des individus revêtus de fonctions spéciales, et il est indispensable, pour la bonne gestion des finances, que des particuliers ne puissent pas impunément détourner à leur profit l'argent de la nation ; il faut donc que l'on puisse reprendre sur les biens de ces comptables ce qu'eux-mêmes auraient pris sur les fonds publics, ou tout au moins, puisque la fortune de chacun est minime en comparaison de la fortune de tous, il faut que l'État soit garanti dans la mesure la plus large possible.

L'obligation de fournir un cautionnement, atteint tous les comptables en deniers ou en matières de l'État, des communes, et des établissements publics de bienfaisance ou autres. Nous nous occupons seulement des agents qui dépendent de l'État.

Les agents ressortissant du ministère des Finances, soumis au cautionnement sont les suivants :

Loi du 7 ventôse an VIII : inspecteurs et vérificateurs de l'enregistrement et des domaines, ayant ou n'ayant jamais exercé les fonctions de comptables, et directeurs de l'enregistrement et des domaines ne les ayant jamais exercées;

Loi du 24 avril 1806 : receveurs de l'enregistrement et des domaines, et conservateurs des hypothèques;

Loi du 28 avril 1816 : receveurs de l'octroi;

Loi du 17 juillet 1819 : distributrices du papier timbré à Paris;

Arrêté du 12 février 1844 : trésoriers payeurs en Algérie;

Arrêté du 7 décembre 1844 : payeurs particuliers en Algérie;

Décret du 31 octobre 1850 : agent comptable des transferts, agent comptable du grand livre, caissier des caisses d'amortissement et des dépôts et consignations, receveur central du département de la Seine, inspecteur du service intérieur au ministère des finances et conservateur du mobilier et de l'argenterie, préposés divers justiciables de la Cour des comptes, garde-magasin du timbre, receveurs principaux, receveurs subordonnés, directeurs, inspecteurs et sous-inspecteurs des douanes, garde-magasins des manufactures, entreposeurs des tabacs en feuilles, et directeurs des monnaies;

Décret du 26 septembre 1855 : trésoriers payeurs des colonies;

Décret du 10 septembre 1861 : directeurs de manufactures et de la culture des tabacs, ingénieurs et contrôleurs des manufactures, sous-ingénieurs, inspecteurs de culture et garde-magasins;

Décret du 1er octobre 1862 : agents de change à Paris;

Loi du 8 juin 1864 : percepteurs des contributions

directes, et receveurs des communes justiciables de la Cour des comptes et des conseils de préfecture ;

Loi du 31 juillet 1867 : trésoriers payeurs généraux des finances et receveurs particuliers ;

Décret du 27 mars 1875 : caissier central du Trésor, et payeur central de la dette;

Décret du 14 décembre 1876 : agent comptable des reconversions ;

Décret du 24 janvier 1879 : receveurs principaux des contributions indirectes, receveurs principaux entreposeurs, entreposeurs des tabacs et des poudres à feu, receveurs particuliers entreposeurs, receveurs particuliers sédentaires, receveurs ambulants à pied et à cheval, receveurs de la navigation, de la garantie, débitants de sel dans le pays de Gex, receveurs des droits d'entrée et d'octroi, préposés non comptables de l'administration des contributions indirectes.

Une décision ministérielle du 30 novembre 1864 a interprété la loi du 24 avril 1806, relative aux conservateurs des hypothèques, et un décret du 15 mai 1874 est venu modifier dans certaines parties celui du 26 septembre 1855 sur les trésoriers payeurs des colonies.

Voici la liste des agents ressortissant du ministère des postes et télégraphes :

Décret du 8 mars 1854 : agent-comptable, garde-magasin des timbres-poste ;

Décret du 13 février 1860 : directeur de la fabrication des timbres-poste ;

Décret du 12 mars 1862 : agents de l'administration des télégraphes :

Décret du 26 décembre 1868 : receveur principal de la Seine ;

Décret du 13 septembre 1879 : receveurs comptables des postes, et receveurs non comptables.

Les agents ressortissant du ministère de la marine sont les suivants :

Ordonnance du 13 mai 1838 : agent des traites des colonies au ministère ;

Ordonnance du 23 décembre 1847 : agents comptables et trésoriers des invalides ;

Décret du 28 février 1850 : comptables en matière, agent comptable des fonds coloniaux, et trésoriers des Colonies maintenus dans le ressort du ministère de la marine ;

Décret du 27 janvier 1855 : curateurs en successions vacantes dans les colonies ;

Décret du 8 mai 1867 : trésorier des invalides de la marine.

Les agents ressortissant du ministère de la guerre, et assujettis au cautionnement y ont été soumis par les décrets du 17 décembre 1849, du 23 mai 1853, du 30 novembre 1863, et du 4 septembre 1874; ce sont : les agents comptables de divers services, les officiers d'administration comptables, et les commissaires des poudres et salpêtres.

Les agents ressortissant des ministères de l'agriculture, du commerce et des travaux publics, qui sont obligés de fournir un cautionnement sont :

Décrets du 9 janvier 1818 et du 30 janvier 1869 : les agents de change ;

Décret du 15 octobre 1849 : les agents comptables des écoles des arts et métiers, les régisseurs des écoles vétérinaires, les régisseurs des bergeries nationales, les régisseurs des établissements thermaux, le caissier du lazaret du Trompeloup, dans le département de la Gironde, les chefs du service des ponts et divers préposés ;

Décret du 3 octobre 1861 : les agents comptables du dépôt d'étalons de Pin et de Pompadour ;

Décret du 1er avril 1879 : les préposés des chemins de fer de l'État, et l'agent comptable de l'école forestière.

Les agents relevant du ministère de la Justice sont :

Décret du 14 mars 1808 : les gardes de commerce ;

Lois du 28 avril 1816 : les avocats au conseil d'État et à la Cour de cassation, les avoués près les Cours d'appel et ceux près les tribunaux de première instance, les greffiers de la Cour de cassation, des Cours d'appel et des tribunaux, ceux des tribunaux de commerce, et des tribunaux de paix et de police, les huissiers et les notaires ;

Décret du 31 octobre 1830 : les référendaires au sceau ;

Décret du 15 mars 1863 : l'agent comptable de l'Imprimerie nationale.

Les agents relevant du ministère de l'Instruction publique sont :

Décret du 31 octobre 1849 : les économes des lycées nationaux, les secrétaires des écoles de droit, les agents comptables des écoles de pharmacie, et les divers préposés justiciables de la Cour des comptes, et l'agent spécial de l'Institut.

Décret du 15 février 1851 : les secrétaires des Facultés.

Les agents relevant du ministère de l'Intérieur sont :

Ordonnance du 3 juin 1830 : les receveurs des hospices, bureaux de bienfaisance, asiles d'aliénés, dépôts de mendicité, établissements de bienfaisance ;

Décret du 27 décembre 1858 : le caissier de la caisse des travaux publics ;

Loi du 8 juin 1864 : les receveurs des commune.

Enfin par un décret du 13 décembre 1877, les chanceliers diplomatiques et consulaires, qui dépendent du ministère des Affaires étrangères, ont été soumis au cautionnement.

Il résulte de cette longue énumération que, ainsi que nous l'avons dit, il y a deux classes de personnes soumises au cautionnement, les comptables en deniers ou matières de l'État, des communes et des établissements publics de bienfaisance ou autres et les officiers ministériels et fonctionnaires publics qui ont le droit de présentation, c'est-à-dire qui transmettent, en la vendant, leur charge à des successeurs, d'après les conditions prescrites par certaines lois et certains règlements.

Nous ne nous occupons ici que des comptables de l'État, et nous nous bornons à énumérer les lois qui régissent les différentes catégories de comptables, sans entrer dans l'examen détaillé des règles spéciales à chacune de ces catégories.

Les cautionnements doivent consister tantôt en numéraire, tantôt en rentes sur l'État, tantôt en immeubles. Les cautionnements en numéraire sont les plus nombreux ; cependant les référendaires au sceau doivent

fournir leur cautionnement en rentes ; les receveurs
des hospices, des bureaux de bienfaisance, des asiles
d'aliénés, des dépôts de mendicité et des établissements
de bienfaisance, les agents comptables des différents
services du ministère de la guerre, les officiers d'administration comptables, et les commissaires des poudres
et salpêtres ont le choix entre les différents modes in-
diqués ; les curateurs aux successions vacantes dans
les colonies peuvent à leur gré fournir numéraire ou
immeubles ; les comptables en matières du ministère
de la Marine, les agents comptables des fonds coloniaux,
les trésoriers des colonies maintenus[1] dans le ressort
du ministère de la Marine et les agents des traites des
colonies au ministère peuvent opter entre le numéraire
et les rentes. D'autres agents, tels que les trésoriers
payeurs généraux doivent donner à la fois des garanties
de différente nature.

Les cautionnements en numéraire sont donc actuellement les plus nombreux. Dans les débuts, on exigea
plutôt un cautionnement en immeubles ; c'est ainsi que
la loi du 15 germinal an IV avait décidé relativement
aux receveurs des contributions directes des départements ; la loi du 6 frimaire an VIII substitua à cette règle
la nécessité d'un versement en numéraire, Désormais,
on suivit très généralement ce principe, qui fut nettement posé dans l'article 97 de la loi du 28 avril 1816.
La quotité des cautionnements est déterminée par les

1. Certains agents qui dépendaient du ministère de la marine dépendent
aujourd'hui, depuis les récentes modifications, du ministère du commerce
et des colonies.

lois, décrets ou ordonnances que nous avons signalés.

Deux raisons firent substituer le cautionnement en numéraire au cautionnement en immeuble. La première de ces raisons, purement temporaire et accidentelle, est celle qui détermina l'adoption de la loi de 1816 ; nous l'avons déjà indiquée et nous avons déjà dit qu'après les guerres de l'Empire et les invasions, on cherchait les moyens de se procurer de l'argent ; en établissant un cautionnement en numéraire, on imposait aux fonctionnaires un prêt forcé. Cette première raison était donc mauvaise ; mais il n'en était pas de même de la seconde. En effet, un cautionnement en numéraire est une garantie bien plus facilement disponible, et par conséquent bien plus sûre, parce qu'on ne sait jamais comment on vendra un immeuble, et ce que produira cette vente, tandis qu'il ne saurait y avoir de doutes sur le montant de la somme consignée.

La loi de 1816, sous la pression d'une nécessité financière immédiate, avait prohibé les cautionnements en rentes ; on revint bientôt sur cette prohibition ; l'ordonnance du 22 mai 1825 donna le signal de cette réaction ; d'autres ordonnances, des décrets et des arrêtés revinrent également sur cette mesure excessive.

La loi du 6 frimaire an VIII prescrivait le versement des cautionnements en numéraire dans la caisse d'amortissement, et la loi du 7 ventôse an VIII étendit cette règle qui n'avait été faite d'abord que pour les receveurs des contributions directes. A partir de l'ordonnance du 8 mai 1811, et conformément à la loi du 28 avril précédent, le versement se fit désormais au Trésor lui-même :

le service des cautionnements devint une branche à part du ministère des finances; les comptes annuels du Trésor pour ce service durent avoir un chapitre à part au budget.

Le cautionnement doit être versé en une seule fois; dans le département de la Seine, il est reçu à la Caisse des dépôts et consignations et dans les départements, aux caisses des receveurs de département et d'arrondissement, comptables et préposés directs du Trésor. Les titulaires des emplois ne sont installés et n'entrent en fonction qu'après avoir produit, conformément à l'article 96 de la loi du 28 avril 1816, et à l'article 324 du décret du 31 mai 1862, le récépissé constatant le versement de leur cautionnement.

Lorsque le cautionnement consiste en rentes sur l'État, il en est fait mention sur le grand-livre et sur l'inscription affectée; on délivre à la partie un titre que l'on appelle le *bordereau annuel*, et qui permet de toucher les arrérages des rentes.

Quand le cautionnement consiste en immeubles, les formalités sont moins simples, car il faut connaître nécessairement la valeur exacte de l'immeuble et sa situation hypothécaire. La loi du 21 ventôse an VII n'avait pas pris toutes les garanties qui eussent été nécessaires; elle n'indiquait pas les formalités à remplir, et laissait au tribunal de la situation des biens le droit de juger de la suffisance et de l'affranchissement des biens proposés, sur les conclusions du procureur de la République. C'était insuffisant.

Une instruction ministérielle du 6 juillet 1833 a prescrit spécialement aux comptables une série de nouvelles formalités qui sont si nombreuses et si coûteuses qu'elles mettent ceux qui ont un cautionnement à fournir dans la nécessité de le fournir en numéraire. Les avoués agrégés à l'agence judiciaire du Trésor doivent apprécier la situation et il faut leur remettre :

Les titres de propriété qui doivent remonter jusqu'à trente années, avec les quittances du prix ;

Les certificats de transcription et de purge des hypothèques légales ;

L'état des inscriptions existantes ;

Les contrats de mariage et autres titres desquels résulteraient des hypothèques légales non inscrites ;

Un certificat de notoriété, constatant que le propriétaire n'a été chargé d'aucune tutelle ou curatelle, et qu'il n'a pas été comptable de deniers publics ;

L'extrait de la matrice du rôle des contributions ;

Et enfin tous titres et pièces nécessaires pour constater la propriété, la valeur et les charges.

Si de l'examen de ces titres, dit l'instruction ministérielle, il résulte que la valeur libre de l'immeuble, calculée sur vingt fois le revenu dégagé des centimes additionnels, et constatée sur la matrice des rôles, est suffisante pour répondre au cautionnement offert, l'avoué agrégé en rend compte à l'agent judiciaire, avec son avis motivé, et, s'il y a lieu, l'agent judiciaire lui transmet l'autorisation nécessaire pour recevoir et accepter le cautionnement, qui sera réalisé par acte notarié, et qui ne sera définitif qu'après que l'inscription hypothécaire aura été requise au profit du Trésor, et qu'il aura été constaté qu'il n'est point survenu avant cette inscription de nouvelles charges sur l'immeuble affecté. L'avoué transmet ensuite à l'agent judiciaire l'acte de cautionnement, le bordereau d'inscription, les certificats d'inscription et autres pièces relatives. Et tous les frais nécessités par ces formalités, et, en sus, les honoraires de l'avoué agrégé, sont à la charge des parties.

Il résulte de cette énumération que les frais sont coûteux, que les recherches sont longues et que les pièces sont souvent fort difficiles à produire. C'est ce qui fait que le cautionnement en immeubles est rare ; et néanmoins il faut bien reconnaître que les garanties exigées sont toutes indispensables, et que fréquemment, si elles n'existaient point, le Trésor serait frustré. Les cautionnements en rentes et surtout en numéraire sont donc infiniment plus pratiques à tous les points de vue que les cautionnements en immeubles.

Quand un comptable, sans cesser d'être comptable, change de fonctions, si le cautionnement de la nouvelle fonction est plus considérable que celui de l'ancienne, le versement d'un supplément suffit ; mais, pour que cette sorte de transfert soit opérée, il faut que les comptes de la première gestion soient vérifiés et reconnus réguliers.

C'est l'ordonnance du 25 septembre 1816 qui a commencé d'autoriser les comptables à faire servir le cautionnement de leur première charge à la seconde. L'ordonnance du 23 novembre 1825 à été rédigée dans le même sens ; enfin l'ordonnance du 25 juin 1855 a complètement déterminé les formalités à remplir.

Il se peut qu'un comptable soit chargé de deux gestions simultanées, et qu'il ait à verser pour la seconde un supplément à la première. Ce cas se présente par exemple lorsqu'un percepteur est en même temps receveur municipal. La commune a-t-elle le droit d'exercer son recours sur la totalité des fonds versés, ou seulement sur le supplément qui a été exigé du percepteur en raison de la recette municipale dont il est chargé? Le but de ce supplément, qui est fixé au douzième[1] des revenus communaux, est évidemment de garantir la commune; il a été imaginé uniquement pour elle, et l'État n'avait nul besoin de cette précaution puisque les précautions qu'il avait à prendre étaient déjà prises. Il paraît donc évident qu'il y a deux privilèges séparés, distincts et pouvant être exercés indépendamment l'un de l'autre. Cependant la Cour de cassation[2] en a décidé autrement. D'après elle, l'article 2102-7° est général, ne distingue point et *s'étend sans division sur toutes les parties du cautionnement qui se servent de division l'une à l'autre;* elle argumente également des articles 22 et 23 de la loi du budget du 28 avril 1816 qui maintiennent le privilège au profit du Trésor et des communes. Nous ne pouvons admettre cette théorie. Si l'on a fixé le cautionnement du percepteur exerçant les fonctions de receveur municipal à un douzième des recettes communales, c'est dans le but certain de mettre la commune à l'abri des malversations; on a créé pour la commune une garantie

1. Art. 12 de la loi du 5 ventôse an XII et art. 3 de la loi du 5 frimaire an XIII.
2. Cassation, 5 décembre 1845.

spéciale, identique par sa nature à la garantie qu'avait le Trésor, identique par sa nature, avons nous dit, mais différente par sa destination : la loi du 30 frimaire an XIII dit : « Les receveurs des deniers communaux fourniront, indépendamment du cautionnement qui leur a été prescrit par la loi du budget de l'an XII, un cautionnement, également en numéraire, du douzième des revenus communaux dont il font la recette. » Y a-t-il dans ce texte un mot qui permette de déclarer que la loi mêle, confond, amalgamise les deux cautionnements; s'il avait été dit que ce second cautionnement serait fourni en outre du premier, on pourrait à la rigueur prétendre que cela veut dire que la seconde somme s'ajoute à la première, et que les deux sommes réunies n'en font qu'une. Mais est-ce ainsi que s'exprime l'article? un nouveau cautionnement devra être fourni *indépendamment* de l'ancien, dit-il. Par quel subterfuge de conception peut-on donc soutenir que cela veut dire « conjointement avec l'ancien » ? Nous ne voyons pas que la Cour de cassation puisse déduire son système de l'art. 2102-7°, même en torturant les expressions dont il se sert, puisque sur chaque cautionnement il crée chaque privilège; mais nous voyons bien clairement qu'elle donne aux termes de la loi de frimaire tout juste l'opposé du sens qu'ils ont.

Ce n'est pas tout : l'arrêt, que nous citons a été rendu en décembre 1843; or, l'article 11 de l'ordonnance du 17 septembre 1837 est ainsi conçu :

« Lorsqu'un déficit existera sur un ou plusieurs des services confiés aux percepteurs ou aux receveurs des communes et établissements charitables, la portion de chaque cautionnement restée disponible sur le service *dont il forme la garantie spéciale*, sera affectée aux autres services créanciers pour leur être distribuée au marc le franc des sommes dues à chacun d'eux. »

Nous ne voyons pas qu'il soit possible de rencontrer un texte plus nettement explicite. Quels sont donc les arguments développés par la cour suprême? Nous avons vainement parcouru les considérants de l'arrêt, nous n'avons rien trouvé.

L'article 8 de la loi du 7 ventôse an VII a décidé que les cautionnements porteraient intérêt; ce principe est éminemment juste, car, s'il n'existait point, l'État profiterait des cautionnements et s'en créerait un revenu; il établirait de la sorte la vénalité des charges. Le taux fixé a subi certaines variations; depuis la loi du 4 août 1844 il est fixé à 3 pour cent.

Le service des intérêts des cautionnements se fait à Paris pour les comptables résidant dans le département de la Seine; c'est le Trésor qui acquitte. En province, ce sont les trésoriers payeurs généraux.

Les intérêts sont dus à partir du versement du numéraire; le payement se fait soit au titulaire, soit au bailleur de fonds. Il peut être arrêté par l'opposition des tiers, formée avant l'ordonnancement des intérêts. Un avis du Conseil d'État du 12 août 1807 décide que si l'opposition n'est faite qu'après la confection des mandats, le Trésor n'est point obligé de tenir compte de l'opposition. Les créanciers opposants, pour toucher les intérêts, doivent produire les pièces justificatives de leurs droits.

Un avis du conseil d'État du 24 décembre 1808, approuvé le 24 mars 1809, décide que les intérêts des cautionnements se prescrivent par cinq ans comme les arrérages des rentes sur l'État, et comme les intérêts de toutes les créances dues par l'État. D'après la loi du 29 janvier 1831 les intérêts de cautionnements frappés d'opposition, demeurent acquis à l'État, s'ils n'ont pas été réclamés dans le même délai.

Il ne saurait être question du payement des intérêts des cautionnements en immeubles, car le comptable continue de jouir de ses immeubles qui sont seulement frappés d'une affectation hypothécaire. Il en est de même des cautionnements en rentes, car rien n'empêche au titulaire de la rente d'en toucher les arrérages.

Le cautionnement des comptables redevient libre quand ceux-ci quittent leurs fonctions. Pour être remboursés, ils devront faire apurer leurs comptes, et obtenir un certificat de quitus définitif, à condition encore qu'aucune opposition ne soit formée contre le remboursement.

Tant que le cautionnement n'est pas épuisé, les créanciers pour faits de charge font valoir leurs créances par leur privilège ; mais ils ont en outre un recours, non privilégié celui-là, sur les autres biens du comptable ou de l'officier ministériel : ils sont alors de simples créanciers chirographaires. Lorsque le cautionnement est absorbé, l'État ne vient sur les meubles qu'après toutes les créances privilégiées et sur les immeubles qu'après toutes les créances privilégiées ou hypothécaires, ayant date antérieure certaine ; et si les autres

6

qui restent sont insuffisants, il partage avec les biens créanciers au marc le franc.

Quand le comptable, débiteur pour faits de charge a été poursuivi, et condamné à payer sur son cautionnement, en vertu du privilège de premier ordre, la somme qu'il devait, les créanciers peuvent faire saisir la partie du cautionnement[1] qui leur est afférée; il doit alors compléter son cautionnement qui se trouve ainsi diminué; si le cautionnement était immobilier, et avait été saisi, il devrait, de même, substituer un immeuble nouveau, pour remplacer celui qui aurait été absorbé de la sorte.

Les formalités à accomplir et les conditions exigées, sont fixées d'abord par la loi du 2 ventôse an XIII, et par l'ordonnance du 27 septembre 1820, dont les dispositions ont été modifiées par l'ordonnance du 22 mai 1825.

Les comptables, qui sont justiciables de la Cour des Comptes et qui cessent leurs fonctions, peuvent, avant l'apurement définitif de leur comptabilité, obtenir le remboursement définitif des deux tiers de leur cautionnement en numéraire, quand ils ont remis au ministre des finances le dernier compte de leur gestion et que la vérification de ce compte et de leurs écritures n'a fait connaître aucun débêt; ils peuvent même retirer la totalité de l'argent qu'ils ont déposé à condition de fournir, en remplacement du dernier tiers, un cautionnement équivalent en immeubles ou en rentes sur l'État. Pour que les comptables puissent ainsi agir, il faut le consen-

---

1. Cassation, 26 mars 1821 et 4 février 1822.

tement de l'administration à laquelle ils sont attachés, et la production d'un certificat constatant que le dernier compte de leur gestion ne les constitue pas débiteurs envers l'État, et il faut aussi à l'appui de ce certificat les pièces vérifiées par le ministère des finances. Ils obtiennent la remise du cautionnement, sus-mentionné, en immeubles, en produisant, avec l'arrêt de quitus, un certificat de libération définitive.

Les comptables non soumis à la Cour des Comptes obtiennent le remboursement en produisant à l'appui de leur demande le certificat de quitus définitif que les comptables supérieurs, sous la responsabilité desquels ils ont géré, leur délivrent dans les quatre mois qui suivent la cessation des fonctions.

Les héritiers du comptable, lorsque celui-ci est décédé, ne peuvent obtenir le remboursement du cautionnement de leur auteur qu'en justifiant de leurs droits, et en fournissant un certificat de propriété conformément au décret du 18 septembre 1806.

La remise du cautionnement en rentes consiste en une désaffectation des titres de rente; la remise du cautionnement en immeubles, en une mainlevée donnée par le conservateur des hypothèques.

Conformément au décret du 31 mai 1862, le remboursement des cautions en numéraire est effectué à Paris par le Trésor, et dans les départements par les trésoriers payeurs généraux, en vertu d'ordres donnés par le ministre des finances.

Le montant des cautionnements, dont le remboursement n'aura pas été effectué par le Trésor dans le délai d'un an, à compter de la cessation des fonctions, faute de productions ou de justifications nécessaires, pourra être versé, tant en capital qu'en intérêts, à la caisse des dépôts et consignations : ce versement libère le Trésor.

CHAPITRE II

DES DROITS DU TRÉSOR SUR LES CAUTIONNEMENTS.

On vient de voir ce qu'il faut entendre par cautionnement, quelles personnes doivent le fournir et les règles concernant les modes de constitution et d'extinction. Nous avons maintenant à nous occuper plus spécialement des droits du Trésor sur le cautionnement des comptables.

Il ne suffisait pas, en effet, d'obliger cette catégorie de fonctionnaires à fournir une somme d'argent au Trésor, il fallait encore nettement établir les droits de celui-ci sur les deniers fournis. C'est ce qui a été réalisé par plusieurs dispositions légales.

Et d'abord par l'art. 2102 — 7° — qui est ainsi conçu : « Les créances privilégiées sur certains meubles sont : .... Les créances résultant d'abus et prévarications commis par les fonctionnaires dans l'exercice de leurs fonctions, sur les fonds de leur cautionnement et sur les intérêts qui en peuvent être dus. » Cet article n'est que la reproduction de l'ancienne législation, telle qu'elle a été exposée plus haut.

Il est douteux que ce texte se réfère au droit du Trésor sur le cautionnement des comptables; mais le privilège du Trésor sur les cautionnements de cette classe de fonctionnaires résulte d'autres dispositions qui n'ont pas trouvé place dans le Code, mais dont l'existence ne saurait néanmoins être contestée, étant donné l'article 2098.

Telles sont notamment les lois des 25 nivôse et 6 ventôse an XIII, consacrées par l'art. 3 de la loi du 5 septembre 1807 : « Le privilège du Trésor public sur les fonds de cautionnement des comptables, continuera d'être régi par les lois existantes. »

Voyons maintenant quelle est la nature de ce privilège. On sait que les privilèges énumérés dans l'article 2102 peuvent se rattacher à deux ordres d'idées bien distinctes. Les premiers reposent sur l'idée de gage, et les autres sur l'idée de conservation. En d'autres termes, le créancier est privilégié, soit à raison d'un nantissement, parfait ou imparfait, qu'il a reçu du débiteur, et à la suite duquel il a consenti à lui faire crédit, — et dans ce cas il est bien naturel qu'il soit payé, par préférence aux autres, sur le meuble qui lui a été remis; — ou bien le créancier a introduit dans le patrimoine du débiteur une valeur nouvelle, ou conservé de ses propres deniers une valeur qui s'y trouvait déjà, et ici encore son droit de préférence sur cette valeur, ou sur l'objet qui la représente, est bien légitime.

Il n'est pas difficile de reconnaître celle des deux catégories dans laquelle doit être rangé le privilège du Trésor sur le cautionnement des comptables; c'est évi-

demment dans la première, dans celle qui comprend le
créancier gagiste, le bailleur, l'aubergiste et le voiturier.

La situation de l'État, par rapport au cautionnement
des comptables, est identique à celle des créanciers ga-
gistes vis-à-vis de l'objet reçu en cautionnement.

La preuve, c'est que telle est incontestablement la
nature du privilège établi par l'article 2102-7° sur le
cautionnement des fonctionnaires. Or, à supposer que
cet article ne vise point le privilège du Trésor sur les biens
des comptables, il n'en est pas moins certain que le caractère juridique de leur cautionnement ne saurait dif-
férer de celui des autres fonctionnaires. Puisque c'est un
privilège reposant sur l'idée de gage, nous en conclu-
rons qu'il cesse dès le moment où l'État s'est dessaisi du
cautionnement. Mais le Trésor ne courra aucun risque
de ce côté, car la loi a pris de nombreuses précautions,
ainsi que nous l'avons vu, au sujet du remboursement
des cautionnements, de telle façon que le privilège ne
s'éteindra, en fait, que lorsqu'il y aura certitude que le
comptable n'est pas débiteur envers l'État.

Supposons que, le comptable ayant rempli les conditions prescrites pour la restitution de son cautionnement,
avant le remboursement, une condamnation ait été prononcée contre lui, y aurait-il lieu à privilège? Nous nous
plaçons dans une hypothèse où aucune opposition n'a
été faite, et où c'est par suite de la négligence du titulaire, ou d'une impossibilité matérielle quelconque, que
les sommes consignées n'ont pas été retirées. Il faut décider qu'il y a lieu à privilège, en conformité des articles 2073 et 2076, parce que le cautionnement est un

gage, et que ce gage est affecté à la sûreté des créanciers tant qu'il existe. Peu importe la raison de son existence, et s'il aurait pu légalement et valablement être anéanti ; le gage existe ; il est frappé, parce que le Trésor public est, dans l'espèce, le tiers dépositaire légal. Le Trésor aura donc encore son recours, s'il a tardivement obtenu une condamnation, mais qu'il détienne encore le cautionnement. Le recours serait au contraire éteint, si les fonds, bien qu'ils fussent encore dans les caisses de l'État, avaient reçu une autre destination. Il y aurait en effet novation du titre de détention : l'ancienne affectation n'existerait plus.

Ce qui est vrai du cautionnement en numéraire l'est également du cautionnement en rentes. Le privilège sur le cautionnement en immeubles subsiste tant que le comptable n'est pas libéré de sa gestion en faisant apurer ses comptes ; mais on a été rigoureux et l'on a prolongé de dix ans l'affectation de ce cautionnement [1], l'écoulement de ce délai valant « affranchissement de plein droit de toutes actions de recours qui n'auraient pas été exercées dans cet intervalle. » La jurisprudence [2] a voulu faire de ce délai de dix ans un délai de trente ans. Cela n'a pas été admis par la Cour de Cassation [3], qui, revenant aux termes mêmes de la loi, a refusé de sanctionner des théories aussi élastiques.

Cette discussion s'était élevée à propos des conservateurs des hypothèques : c'est également à leur occasion

1. Art. 8 de la loi du 21 ventôse an VII.
2. Liège, 31 mars 1813.
3. Cassation, 22 juillet 1816.

que l'on expliquait très nettement la portée du cautionnement, qui, disait Berlier [1], « ne constitue pas la limite
de la garantie que les comptables peuvent devoir aux
parties lésées par leur fait, car il est le gage, mais non
pas la mesure, des actions qu'on a contre eux, et qu'on
peut exercer sur le surplus de leurs biens. »

Le Trésor n'est pas le seul créancier qui ait un privilège sur les fonds des cautionnements des comptables.
De là naît la question de savoir comment doit être réglé
le concours de ces divers privilèges.

Et d'abord il nous paraît certain que les particuliers
ont un privilège sur ces cautionnements à raison des
abus et prévarications de la part des comptables. C'est
ce qui nous semble clairement ressortir de l'article
2102-7° du Code civil qui déclare privilégiées les créances
résultant d'abus et prévarications commis par des fonctionnaires dans l'exercice de leurs fonctions. Or il est
incontestable qu'il s'agit ici d'un privilège établi au
profit des particuliers. Quant à l'expression *fonctionnaires*,
elle doit, croyons-nous, s'entendre non seulement des
officiers ministériels mais encore de tous ceux qui sont
astreints à fournir un cautionnement, et par conséquent
elle comprend les comptables.

Cette solution est confirmée par la loi du 5 ventôse
an XIII qui est ainsi conçue : « Article 1er. Les articles
1, 2 et 4 de la loi du 25 nivôse dernier, relative aux cautionnements fournis par les notaires, avoués et autres
s'appliqueront aux cautionnements des receveurs géné-

1. Séance du Conseil d'Etat du 12 pluviôse an XII.

raux et particuliers et de tous autres comptables ou préposés des administrations. »

Et l'article 1er de la loi du 25 nivôse dispose que les
cautionnements des officiers ministériels sont affectés
par premier privilège à la garantie des condamnations
qui pourraient être prononcées contre eux par suite de
l'exercice de leurs fonctions. Or il est bien évident que
dans ce dernier cas il s'agit de créanciers quelconques,
des particuliers comme du Trésor.

Bien mieux les cautionnements des officiers ministériels garantissent spécialement les créances des particuliers ; quant à l'État il n'a de recours contre eux
qu'autant qu'il a fait appel à leur ministère, c'est-à-dire
comme particulier.

Concluons donc que les cautionnements des comptables
comme ceux des officiers ministériels sont affectés à la
garantie des créances privées. Ajoutons que telle est aussi
l'opinion de la jurisprudence.

Les créances garanties par les cautionnements sont
toutes celles qui seront nées au profit du Trésor contre le
comptable, à raison des fonctions de ce dernier, aux
termes de l'article 2102-7°. Les particuliers ont aussi un
privilège sur les cautionnements des fonctionnaires à
raison de leurs abus et prévarications, c'est-à-dire à
raison de ce que l'on appelle, dans la pratique, leurs *faits
de charges*.

Nous n'avons pas à entrer ici dans les difficultés que
soulève la question des faits de charge. Nous nous bornerons à indiquer qu'on entend par là tout acte exercé
par un fonctionnaire, à raison de l'exercice légal et

obligé de ses fonctions. Si nous nous occupons de ce point c'est tout simplement pour faire remarquer que bien que le Trésor détienne les fonds du cautionnement, son privilège n'est pas le seul qui porte sur ces fonds et qu'il peut se trouver en concours avec celui d'autres créanciers pour faits de charge.

Que devrons-nous décider dans le cas où un comptable est débiteur, pour faits de charge, au Trésor et d'un particulier?

MM. Dumesnil et Pallain tranchent la question de la façon suivante: «Nous croyons devoir faire remarquer que toutes les fois qu'il s'agit d'un abus ou prévarication commis par un comptable dans l'exercice obligé de ses fonctions officielles, les tiers ont un recours contre le Trésor qui exerce au préalable des droits sur le cautionnement du titulaire compromis. Les créanciers sont ainsi dispensés de faire valoir leur privilège contre le comptable [1]. »

Ces auteurs ne disent pas formellement comment se réglera le concours. Le procédé qu'ils indiquent ne tranche pas la question que nous avons posée plus haut.

Dans notre opinion le privilège du Trésor et celui des particuliers reposent sur la même idée; ils sont tous les deux de même nature; ils doivent donc avoir le même rang, quelle que soit la procédure adoptée, en pratique, pour l'exercice de ces privilèges, il nous paraît difficile d'admettre que les particuliers et le Trésor ne viendront pas concourir sur les fonds du cautionnement du comptable.

1. *Traité de la législ. du Trésor public*, p. 182.

Les lois de ventôse et nivôse an XIII ont établi sur les fonds de cautionnement un privilège au profit des bailleurs de fonds moyennant les déclarations à faire par eux, conformément aux décrets des 28 août 1808 et 22 décembre 1812.

Les prêteurs qui ont fourni les deniers des cautionnements, jouissent de leur privilège, s'ils se sont conformés à la loi; ils sont déchus de cet avantage et considérés comme créanciers purs et simples s'ils ont négligé de remplir les formalités prescrites. Mais jamais aucune concurrence ne peut s'établir contre leur privilège et celui du Trésor. En effet leur privilège est de second ordre, selon l'expression consacrée par la loi de ventôse; d'où il suit qu'il ne peut être exercé qu'après celui du Trésor.

SECTION II

DU PRIVILÈGE DU TRÉSOR SUR LES MEUBLES ET IMMEUBLES DES COMPTABLES, ET DE SON HYPOTHÈQUE LÉGALE

L'État avait déjà, en droit romain, des garanties parti-culières sur les biens des comptables, en outre de celles qu'il avait sur leurs cautionnements : *fiscus semper habet jus pignoris*, dirait le Digeste[1]. Le Trésor avait une hypothèque privilégiée, préférable à toutes autres.

Dans l'ancien droit français on prit des mesures contre les comptables, qui avaient soin, pour échapper aux revendications du Trésor, de posséder par personnes interposées et de dissimuler ainsi leurs biens, et l'on interdit à leurs héritiers de faire acceptation sous béné-fice d'inventaire[2]. Plus tard, Colbert fit établir un pri-vilège sur les biens des comptables[3] : le fisc passa désor-mais avant les autres créanciers, même lorsque ceux-ci avaient pratiqué une saisie; les frais funéraires et de justice, et les droits des marchands réclamant leur mar-chandise dans les délais fixés par les coutumes, ainsi que ceux des propriétaires urbains sur le mobilier de leurs locataires pour les six derniers mois de loyer, lui furent seuls préférables. Il en fut de même pour les

1. Loi 46, par. 3, D, *De jure fisci*.
2. Ordonnance de Roussillon, janvier 1563.
3. Édit du 13 août 1669.

olfices; et un privilège fut donné au Trésor sur les biens immeubles acquis par les comptables depuis leur entrée en fonction : dans ce dernier cas, cependant le privilège du vendeur, et celui du prêteur dont les deniers avaient été employés à l'acquisition, cette origine étant constatée dans le contrat, furent respectés. Une hypothèque frappa les biens acquis avant l'entrée en fonction. Les actions et oppositions des femmes séparées de leurs maris furent subordonnées aux actions de l'État sur les meubles, ou, pour parler le langage de l'édit, furent primées par le roi.

Le décret des 12, 14 et 24 novembre 1790 renouvela les dispositions de l'édit de Colbert. La loi du 11 brumaire an VII reconnut seulement à la nation un droit d'hypothèque, qui fut subordonné à l'inscription, et qui ne prit rang qu'à compter du jour de cette inscription : le privilège sur les meubles disparut.

Dans le projet du Code civil, lors de la discussion qui eut lieu au Conseil d'État, on proposait seulement un privilège à raison des contributions publiques : ce privilège, sur les observations de Defermon, fut étendu à toutes les créances de l'État, et dans la séance du 5 ventôse an XII, on adopta définitivement la rédaction de l'article 2098, qui est ainsi conçu :

« Le privilège à raison des droits du Trésor public, et l'ordre dans lequel il s'exerce, sont réglés par les lois qui les concernent.

« Le Trésor public ne peut cependant pas obtenir de privilège au préjudice des droits antérieurement acquis à des tiers. »

L'article 2121 revient encore sur la matière et s'exprime ainsi, en énumérant les créances et droits auxquels sont attribuées des hypothèques légales :

« .... Ceux de l'État, des communes et des établissements publics sur les biens des receveurs et administrateurs comptables. »

L'article 2153 exige l'inscription de l'hypothèque purement légale de l'État, des communes et des établissements publics sur les biens des comptables.

L'article 2098 avait parlé des privilèges à raison des droits du Trésor public pour constater leur existence et avait déclaré qu'ils sont réglés par les lois qui les concernent, et l'article 2121 avait énoncé une hypothèque légale. La loi du 5 septembre 1807 vint déterminer et régler privilège et hypothèque.

Le Trésor public possède :

1° Un privilège sur les biens meubles des comptables, même à l'égard des femmes séparées de biens, à moins qu'elles ne justifient légalement que les dits meubles leur sont échus de leur chef, ou que les deniers employés à l'acquisition leur appartenaient, et sur les immeubles acquis à titre onéreux par les comptables depuis leur nomination ;

2° Une hypothèque légale sur les biens appartenant aux comptables avant cette époque et sur ceux qu'il acquiert ultérieurement autrement qu'à titre onéreux.

Ajoutons enfin qu'un avis du Conseil d'État du 25 février 1808 a étendu ces garanties au Trésor de la couronne.

CHAPITRE PREMIER

DU PRIVILÈGE DU TRÉSOR SUR LES MEUBLES ET IMMEUBLES DES
COMPTABLES.

Le privilège du Trésor sur les biens des comptables n'est pas compris dans l'énumération de l'article 2101 du Code civil. Les créances privilégiées inscrites dans cet article, sont toutes d'intérêt public. Ne pourrait-on en dire autant des créances du Trésor, en général, et en particulier de celles qu'il peut avoir contre ses comptables ?

Il est évident qu'il y a entre notre privilège et ceux de l'article 2101 une certaine analogie ; mais ils sont aussi séparés, ainsi que nous le verrons bientôt, par des différences profondes. C'est donc avec raison que les rédacteurs du Code ont repoussé la proposition qui leur était faite d'inscrire dans l'article 2101 le privilège du Trésor.

Le motif spécial qui a justifié le privilège du Trésor sur les biens des comptables, c'est que ceux-ci étant détenteurs des deniers de l'État, il est présumable que les biens qui composent leur patrimoine, lorsque leur origine n'est pas clairement établie, ont été acquis avec l'argent que leur créancier leur avait confié. Il était donc juste d'admettre que, sur les biens, l'État pourrait se faire payer avant les autres créanciers.

Voyons maintenant : 1° les personnes assujetties à ce privilège ; 2° les biens qui en sont frappées ; 3° les formalités requises pour sa conversion, 4° les effets qu'il produit :

§ 1. — Des personnes qui sont soumises au privilège du Trésor.

Quels sont donc les comptables qui sont soumis au privilège dont nous venons de parler? La loi de 1807 cite les receveurs généraux de départements, les receveurs particuliers d'arrondissement, les payeurs généraux et divisionnaires, ainsi que les payeurs de département, des ports et des armées. On reconnaît que cette énumération est conçue en termes qui ne sont point restrictifs, et que, par conséquent, elle n'est point limitative[1], et s'applique à *tous ceux qui manient des fonds pour le compte de l'État*[2] sans qu'il soit nécessaire de savoir s'ils sont ou non justiciables de la Cour des comptes. Ainsi les agents comptables civils en Algérie, ne figurent pas parmi les comptables désignés dans la loi de 1807 et ne sont pas justiciables de la Cour des Comptes; cependant la Cour de Cassation, malgré l'opinion de MM. Troplong et Tarrible, les assujettit à l'hypothèque, par arrêt du 5 mars 1855, parce qu'ils encaissent des recettes et effectuent des payements. Il ne faut pas, au contraire, ranger parmi les comptables dont les biens sont frappés de privilèges et d'hypothèques les percepteurs des contributions directes, car ils ne sont que de simples collecteurs ou préposés des receveurs généraux qui sont responsables de leurs

1. Aubry et Rau, t. 3, p. 180. — Cassation, 5 mars 1855.
2. Ferrière, *Dictionnaire de droit*. V. *Comptables*. — Brillon, *Dictionnaire des arrêts*. V. *Compt*. — Camus et Bayard, *Collection des décrets*. V. *Compt*.

actes, et n'ont point de comptes avec le Trésor[1], ni les comptables en matières, tels que les agents manutentionaires des vivres militaires, ni d'une façon générale les fournisseurs de l'État, même lorsque par anticipation ils auraient obtenu des sommes excédant le montant des fournitures dont ils seraient chargés.

La loi du 5 septembre 1807 (art. 2) établit au profit du fisc un privilège sur les meubles et sur les immeubles du comptable.

§ 2. — Sur quels biens porte le privilège.

Meubles. — Le privilège s'étend sur tous les biens de cette nature qui sont trouvés dans la maison qu'habite le comptable. Une exception cependant est faite en faveur de la femme séparée de biens lorsqu'elle peut prouver que ces meubles lui sont échus de son chef, ou que les deniers qui ont été employés à l'acquisition lui appartenaient. Il faut, dit notre texte, que la femme séparée puisse faire légalement cette preuve. Il y a donc une présomption légale, qui d'ailleurs peut être combattue, que la propriété des meubles dont il est question appartient au comptable : lorsque la femme séparée voudra réclamer cette propriété, c'est à elle qu'incombera la charge de faire la preuve.

La loi dit simplement que la femme fera légalement la preuve.

Quant aux moyens de preuve, nous croyons qu'il faudra appliquer ici le droit commun, puisque la loi de 1807 n'y déroge pas formellement. La preuve devra donc, en prin-

1. Décision ministérielle du 21 mars 1809.

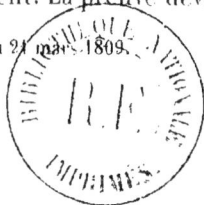

7

cipe, consister dans la production d'actes authentiques, tels que contrats de mariage et donations, lorsqu'un état du mobilier aura été joint à ces actes, ou bien dans les actes sous seing privé ayant date certaine conformément aux dispositions de l'article 1328 ; enfin, dans la preuve testimoniale, pour les cas prévus par les articles 1341 et suivants.

L'article 2 de la loi du 5 septembre 1807 déclare que le privilège a lieu, même à l'égard des femmes séparées de biens, qui ne pourront produire les preuves exigées. Faut-il donc dire que les femmes non séparées se trouvent dans une situation plus favorable et que le privilège du Trésor ne s'applique point contre elles?

Si le privilège a été établi, c'est uniquement par défiance contre les comptables, car il se pourrait que la séparation eût été demandée par les époux dans le but de frauder le fisc, comme cela se faisait fréquemment autrefois, ainsi que le prouvent les précautions prises par Colbert dans l'édit de 1669. A plus forte raison faudrait-il donc appliquer l'article 2 de la loi qui nous occupe contre la femme qui n'aurait pas demandé la séparation, parce qu'aucun trouble ne s'étant montré entre les époux, leur connivence est plus probable. La loi dit, d'ailleurs, que le privilège existe *même* contre les femmes séparées de biens ; n'est-ce pas dire implicitement qu'il existe contre celles qui ne le sont point?

Le privilège frappe les meubles trouvés dans les maisons d'habitation du mari; si la femme séparée de biens ne vivait pas avec son mari, mais habitait une maison qu'elle aurait louée en son propre nom, il en

serait de même, car ce serait encore le domicile con-
jugal, la femme n'étant pas séparée de corps.

Si la femme était séparée de corps, il en serait tout autrement, bien que la séparation de corps ne produise
quant à la séparation de biens, qu'elle entraîne toujours
avec elle, que les effets ordinaires, si toutefois elle
habitait une maison distincte de celle de son mari.
La femme aurait, en effet, un domicile à elle, un domicile
propre, qui ne se confondrait plus avec celui de son mari,
et d'un autre côté, l'article 1449 lui aurait rendu la libre
disposition de son mobilier, qui aurait cessé, par suite
de la mise à exécution de la séparation, d'être en la possession de son mari, et d'être soumis à son administration. La présomption serait alors retournée, et c'est au
Trésor qu'incomberait la charge de la preuve, s'il croyait
voir entre les époux séparés une connivence coupable
pour frustrer ses droits. Jusqu'à ce qu'il ait prouvé que
les meubles placés dans la maison d'habitation personnelle de la femme s'y trouvent frauduleusement et appartiennent au mari, il ne pourrait exercer son privilège.

C'est ainsi qu'il en était avant la Révolution[1], et le fisc
n'avait de droit sur les meubles des comptables, qu'autant que ces meubles demeuraient en leur possession ;
il doit en être de même aujourd'hui, puisque les meubles
n'ont pas davantage de suite par hypothèque, et qu'en
matière mobilière, d'après l'article 2279, possession vaut
titre, sauf l'exception créée par la loi de 1807 à l'en-
contre des femmes, même séparées de biens. Les compta-

1. Ferrière, *Dictionnaire de droit.* v° COMPTABLE, p. 545.

bles peuvent donc disposer de leurs meubles, tant que la saisie n'a pas été opérée[1]; mais si c'était avec leurs femmes qu'ils vinssent à traiter, nous retomberions dans le cas exceptionnel de la loi de 1807.

2° *Immeubles*. — Le privilège que nous étudions ne frappe pas seulement les meubles des comptables, il s'étend également sur certains immeubles d'après l'article 4 de la loi du 5 septembre 1807, qui est ainsi conçu :

« Le privilège du Trésor public a lieu :

« 1° Sur les immeubles acquis à titre onéreux par les comptables, postérieurement à leur nomination ;

« 2° Sur ceux acquis au même titre, et depuis cette nomination, par leurs femmes, même séparées de biens.

« Sont exceptées néanmoins les acquisitions à titre onéreux faites par les femmes, lorsqu'il sera légalement justifié que les deniers employés à l'acquisition leur appartenaient. »

Le privilège du Trésor ne porte donc que sur les immeubles acquis par les comptables depuis leur nomination, et sur ceux acquis dans le même temps par leurs femmes, même séparées de biens.

La règle à suivre, en matière de preuves sera la même que celle que nous avons établie pour les meubles.

Si la femme du comptable acquiert des immeubles autrement qu'à titre onéreux, par testament ou par donation, il ne saurait être question de les soumettre au privilège de l'article 4, même s'ils tombaient dans la

---

1. Cassation, 18 mai 1819.

communauté. Il en est de même du reste des immeubles acquis de la même façon par le mari. Nous verrons bientôt si ces biens ne sont pas soumis à l'hypothèque légale du Trésor.

Si les immeubles, acquis à titre onéreux par les femmes des comptables, sont soumis au privilège du Trésor, c'est que, jusqu'à preuve contraire, les femmes sont considérées comme personnes interposées, même si elles sont séparées de biens, car on présume qu'en ce dernier cas la fraude est plus habilement organisée puisque l'on essaye de la masquer. Mais il peut y avoir d'autres personnes interposées, les descendants, et les ascendants des comptables. La loi de 1807 a-t-elle entendu les laisser en dehors de la suspicion qu'elle établit? Nous pensons qu'il est impossible en cette matière de raisonner par analogie, bien que l'on puisse prétendre que l'extension dont il est question est dans l'esprit de la loi. Les privilèges étant de droit étroit, doivent être créés spécialement et formellement par un texte législatif, et ne peuvent s'étendre d'un cas à l'autre par le raisonnement le plus indéniable. Cela ne signifie pourtant pas que si une fraude était commise par le comptable, cette fraude serait protégée et couverte par la loi de 1807. Le Trésor peut toujours prouver que le descendant ou que l'ascendant est une personne interposée; et son privilège atteindra l'immeuble acquis s'il démontre cette interposition en justice, et si le jugement lui donne gain de cause. Mais nous nous trouverons ici dans le cas inverse de celui de la femme mariée : pour la femme mariée, même séparée, il y a présomption d'interposition, et c'est elle qui devra détruire cette présomption ; pour les ascendants et descendants, au contraire il n'y a pas présomption d'interposition, et c'est contre eux que la preuve devra être faite. Ils seront défendeurs, tandis que la femme devra jouer le rôle de demandeur.

Cette théorie a été accueillie par la jurisprudence [1] ; si les comptables pouvaient employer les deniers de leur caisse à faire des acquisitions en faveur de leurs ascendants ou descendants, ce serait en vain qu'on affecterait leurs biens à la garantie du Trésor, et ils pourraient rendre ainsi illusoire privilège et hypothèque.

Nous ne devons pas nous arrêter là ; si l'acquisition avait été faite par tout autre que le fils de comptable, les motifs seraient les mêmes, et la même preuve pourrait être faite contre les acquéreurs.

Pratiquement, la date de l'entrée en fonction du comptable suit toujours de très près celle de sa nomination. Il pourrait en être autrement. La question de savoir si les biens, acquis à titre onéreux par le comptable entre l'époque de sa nomination et celle de son entrée en fonction, sont soumis au privilège, n'est donc pas sans intérêt. Tous les biens meubles sont frappés par le privilège ; les immeubles qui sont acquis par le comptable à titre gratuit et ceux qu'il possédait avant sa nomination, à quelque titre que ce soit, ne sont frappés que d'une hypothèque légale. Pour frustrer le Trésor, le comptable pourrait donc avoir intérêt à transformer ses meubles en immeubles avant son entrée en fonction, le privilège

1. Limoges, 22 juin 1808.

atteignant plus sûrement les biens que l'hypothèque légale.

Supposons d'abord que l'immeuble ait été acquis par le comptable depuis sa nomination, mais avant son entrée en fonction. On se demande quel est le but de la loi, et l'on répond que le privilège est créé parce que l'on suppose que l'immeuble a été payé avec les deniers du Trésor. Si l'immeuble a été payé avant que le comptable ait eu le maniement de ces deniers, ce n'est donc pas avec eux que le payement a pu être effectué. Ceci est très exact. Cependant, le comptable qui était sur le point d'avoir la gestion des fonds publics n'a-t-il pas pu, en raison des fonctions qu'il allait occuper, se procurer un crédit de mauvais aloi, et rembourser ensuite, avec l'argent de l'État, les sommes qu'il aurait empruntées? N'a-t-il pas pu trouver quelqu'un de mauvaise foi, animé comme lui du désir de frauder le Trésor, et disposé à partager les bénéfices de cette fraude? Cette considération n'est pas sans valeur, et justifie la précaution prise par la loi qui ne distingue pas et qui donne au Trésor un privilège sur les biens acquis par le comptable *depuis sa nomination.* Les termes de la loi de 1807 sont d'ailleurs si formels qu'il n'y aurait pas de distinction à faire, même si le refus de distinction était injustifiable.

Si au contraire l'immeuble avait été acquis par le comptable avant sa nomination, et si le prix avait été payé seulement depuis, et même depuis son entrée en fonction, il faudrait décider que cet immeuble ne serait pas soumis au privilège[1], bien que, dans ce dernier cas,

---

1. Troplong, *Privilèges et hypothèques,* t. I, p. 113.

on puisse dire que c'est peut-être avec les deniers du Trésor que le payement a été effectué. En effet le privilège existe sur les immeubles *acquis* à titre onéreux par les comptables *depuis leur nomination*. Or, c'est l'acte même de vente, et non pas le payement du prix qui opère la translation de propriété, Le comptable a donc acquis la propriété au moment de la vente, et par conséquent, dans l'espèce, avant sa nomination. L'immeuble n'est donc pas frappé par le privilège. Il est soumis seulement à une hypothèque légale d'après l'article 6 de la loi de 1807.

§ 3. — Conservation du privilège.

L'article 5 de la loi du 5 septembre 1807 est ainsi conçu : « Le privilège du Trésor public, mentionné en l'article 4 ci-dessus, a lieu, conformément aux articles 2106 et 2113 du Code civil, à la charge d'une inscription qui doit être faite dans les deux mois de l'enregistrement de l'acte translatif de propriété. »

Le renvoi aux articles 2106 et 2113 du Code civil se comprend aisément, puisque c'est là que se trouvent inscrites les règles relatives à l'effet de l'inscription du privilège. En d'autres termes l'inscription du privilège du Trésor — sur les immeubles bien entendu — est soumise au droit commun.

Pour déterminer quel est ce droit commun, il faut se reporter d'abord à l'article 2106. L'interprétation de cet article a donné lieu à de très vives controverses que nous n'avons pas à exposer ici. La difficulté provient des

mots « à compter de la date de cette inscription » qui
semblent indiquer que le privilège ne produit d'effet
qu'à partir de la date de son inscription. Dans notre
opinion, le privilège, pour qu'il ait véritablement ce
caractère, produit son effet indépendamment de la date
de son inscription, — mais toutefois à la condition qu'il
ait été utilement inscrit — à partir du moment où est
née la créance privilégiée.

Quelle que soit d'ailleurs l'opinion que l'on adopte sur
le sens de l'article 2106, il nous paraît difficile de se
refuser à reconnaître que l'inscription du privilège du
Trésor produira son effet non du jour où elle aura été
prise, mais du moment où le bien sera entré dans
le patrimoine du comptable, pourvu que cette inscrip-
ption ait été effectuée dans les deux mois fixés par l'article 5.

Que si l'inscription a été prise postérieurement à ce
délai, il faudra alors appliquer l'article 2113, aux termes
duquel les privilèges, non inscrits dans les délais fixés,
descendent au rang de simples hypothèques, ce qui
signifie qu'ils n'ont d'effet qu'à compter de la date de
leur inscription.

Reprenons maintenant la première hypothèse : le
comptable a acquis un immeuble ; le Trésor n'a pas pris
encore inscription ; mais il est dans le délai voulu pour
la prendre ; à ce moment le comptable revend son
immeuble, toujours avant que les deux mois soient
écoulés : le Trésor peut-il inscrire utilement encore son
privilège ?

Plaçons-nous à l'époque actuelle. Ici nous répondons

négativement : du moment que l'aliénation aura été transcrite, l'inscription ne peut plus être prise d'après l'article 3 de la loi du 23 mars 1855. Avant cette loi, il aurait pu se faire inscrire pendant le délai de quinzaine qui suivait la transcription (art. 834, 835, C. Pr.).

Nous ferons remarquer à ce propos que le Trésor est moins bien traité que d'autres créanciers privilégiés sur les immeubles, tels que le vendeur et le copartageant. Ceux-ci, en effet, peuvent, aux termes de l'article 6 de la loi de 1855, faire inscrire leur privilège dans un délai de quarante-cinq jours à partir de la vente ou du partage, nonobstant toute transcription faite dans le délai.

Ajoutons toutefois que le Trésor ne sera pas complètement désarmé en cas d'aliénation d'un immeuble du comptable qui aurait voulu par ce moyen frustrer son créancier. Le Trésor pourra, dans cette hypothèse, user de l'article 1167 du Code civil et faire annuler cette aliénation en prouvant qu'elle a été faite en fraude de ses droits.

Faudra-t-il appliquer à notre privilège la règle contenue dans l'article 2146 du Code civil? On sait que d'après cet article aucune inscription ne peut être prise à partir : 1° de l'ouverture de la succession du débiteur, dans le cas où la succession a été exceptée sous bénéfice d'inventaire; 2° du jugement déclaratif de faillite rendu contre le débiteur (art. 448 C. comm).

Les auteurs que nous avons consultés n'ont pas examiné cette question. À notre avis les articles 448 et 2146 s'expriment en des termes tels qu'il paraît difficile d'admettre que le Trésor ne soit pas soumis aux mêmes prescriptions que les autres créanciers privilégiés ou hypothécaires.

La loi du 5 septembre 1807 prend des précautions très grandes pour assurer l'efficacité de son recours ; elle déclare passibles de poursuites pour banqueroute frauduleuse, en cas d'insolvabilité, les comptables qui n'auraient pas énoncé leurs titres et qualités dans les actes de vente, d'acquisition, de partage, d'échange, et autres translatifs de propriété qu'ils passeront, et elle soumet à tous dommages et intérêts les receveurs de l'enregistrement et les conservateurs des hypothèques qui auraient négligé de requérir ou de faire, au vu des actes ci-dessus mentionnés, l'inscription, au nom du Trésor public, pour la conservation de ses droits.

Les énonciations des titres et qualité des comptables, dans les actes de vente et d'échange qu'ils font, ont pour but de constituer les acquéreurs de mauvaise foi, de manière qu'ils ne puissent arguer de leur ignorance pour prescrire les privilèges et l'hypothèque par dix années seulement, et d'avertir, au moment de la transcription, le conservateur des hypothèques, qui est chargé de prendre inscription ; elles ont seulement cette dernière utilité lorsqu'il s'agit d'actes d'acquisition.

Si les conservateurs des hypothèques ont le devoir de prendre d'office les inscriptions au profit du Trésor, il faut en conclure qu'ils ont également celui de renouveler ces inscriptions. En effet, l'article 2154 fait cesser l'effet des inscriptions si elles n'ont pas été renouvelées dans le délai de dix années à compter du moment où elles ont été prises; aucune loi ne dispensant l'État de ce renouvellement[1], il y est astreint.

Mais la loi de 1807 ne s'arête pas là, et en cas d'aliénation, par tout comptable, de biens affectés, par privilège et par hypothèque, aux droits du Trésor, elle fait aux agents du gouvernement l'injonction de poursuivre par les voies de droit, c'est-à-dire par voie de contrainte, de saisie mobilière ou immobilière, le recouvrement des sommes dont le comptable aurait été constitué redevable.

Les tiers qui traitent avec le comptable ont un moyen de se garantir contre le privilège du Trésor. Dans le cas où le comptable ne serait pas actuellement constitué redevable, le Trésor public est tenu, dans trois mois à compter de la notification de purge qui lui est faite par le nouvel acquéreur, conformément à l'article 2183 du Code civil, de fournir et de déposer au greffe du Tribunal de l'arrondissement des biens vendus un certificat constatant la situation du comptable.

Quand ce délai de trois mois sera expiré et que le certificat n'aura pas été fourni, la mainlevée de l'inscription du Trésor a lieu de plein droit et sans jugement. A plus forte raison en est-il de même si le certificat constate que le comptable n'est pas redevable envers le Trésor.

D'après l'article 33 de la loi du 11 brumaire an VII, l'effet de l'inscription sur les biens des comptables devait subsister jusqu'à l'apurement définitif de ses comptes, et six mois au delà. La loi du 5 septembre 1807 n'a pas reproduit cette disposition qui subsiste néanmoins puis-

1. Conseil d'État, 15 décembre 1807.

qu'il n'y a d'abrogées que les dispositions qui lui sont
contraires, et que celle-là ne l'est point.

Ce n'est donc pas la cessation des fonctions des comptables qui leur fait perdre cette qualité; c'est l'apurement des comptes; c'est donc l'apurement des comptes
qui produit l'extinction du privilège[1]. S'il en était autrement, les comptables échapperaient trop facilement
aux garanties auxquelles ils sont soumis.

Le conservateur ne doit d'ailleurs opérer la radiation
des inscriptions que sur la mainlevée qui lui est donnée,
comme conséquence du quitus accordé après l'apurement,
par le préfet du département de la situation des biens,
autorisé par le ministre des finances.

§ 4. — De l'effet du privilège du Trésor.

La classification du privilège du Trésor sur les meubles
et immeubles des comptables n'offre pas de difficulté,
la loi ayant pris soin de déterminer elle-même dans quel
rang il doit être exercé.

« En aucun cas, nous dit l'article 5 de la loi du
5 septembre 1807, il ne peut préjudicier : 1° aux créanciers privilégiés désignés dans l'article 2103 du Code
civil lorsqu'ils ont rempli les conditions prescrites pour
obtenir privilège; 2° aux créanciers désignés aux articles 2101, 2104 et 2105 du Code civil, dans le cas
prévu par ce dernier article; 3° aux créanciers du précédent propriétaire, qui auraient sur le bien acquis des

1. Art. 15 de la loi du 15 septembre 1807.

hypothèques existantes indépendamment de l'inscription, ou toute autre hypothèque valablement inscrite. »

Quant aux meubles l'article 2 de la même loi nous dit : « Ce privilège ne s'exerce néanmoins qu'après les privilèges généraux et particuliers énoncés aux articles 2101 et 2102 du Code civil. »

Ainsi depuis la loi de 1807 rien n'est plus facile que d'établir le rang du privilège du Trésor. Avant cette loi on invoquait, pour trancher la question, le texte de l'article 2098 § 2, qui est ainsi conçu : « Le Trésor public ne peut cependant obtenir de privilège au préjudice des droits antérieurement acquis à des tiers. »

Dans notre opinion cet article signifie que si les tiers avaient acquis des droits antérieurement à la promulgation d'une loi organisant un privilège en faveur du Trésor, ces droits ne pouvaient être atteints par la loi nouvelle. En d'autres termes le législateur s'est borné simplement, à propos des lois fiscales, à rappeler que la règle de la non-rétroactivité inscrite dans l'article 2 leur était applicable [1].

Certains auteurs [2] ont pensé que le sens de cet article était tout autre. Dans leur opinion le Trésor serait tenu de respecter tous les droits plus anciens que son privilège. Mais qui ne voit que si l'on admet cette interprétation, le droit du Trésor cesse d'être un privilège? L'essence du privilège, aux termes de l'article 2095, c'est précisément d'être indépendant de la date de la créance auquel il est attaché ; ce serait donc détruire ce caractère et par suite

1. Paul Pont, *Privilèges et hyp.*, t. I, p. 21.
2. Aubry et Rau, t. III, § 263 *bis*.

le transformer en hypothèque légale que de le faire passer après tous les privilèges et hypothèques antérieurs.

Avec notre interprétation l'article 2098 doit être considéré comme complètement étranger à la question, et pour classer le privilège du Trésor il fallait recourir aux principes généraux contenus dans les articles 2095 à 2097, dont l'application, en l'absence de règles plus précises, aurait été d'une extrême difficulté si l'on n'avait eu pour se guider les règles de l'ancienne jurisprudence, qui étaient précisément celles qu'a adoptées le législateur de 1807[1]. La loi de 1807 a comblé cette lacune en indiquant exactement le degré de préférence qui doit être accordé à ce privilège. Des explications que nous avons données, à ce propos, il résulte que le privilège du Trésor sur les biens des comptables passera après les privilèges généraux et après les privilèges spéciaux sur les meubles et immeubles.

On voit par là que le législateur moderne n'a pas été entraîné trop loin, dans la voie de la fiscalité. Il a cru que pour sauvegarder les intérêts de l'État il n'était pas nécessaire d'amoindrir les droits des particuliers.

Bien que très limitée la garantie du Trésor n'en constitue pas moins un véritable privilège. C'est ainsi notamment que dans le cas où ce privilège sera en concours avec des hypothèques concédées par le comptable, il primera ces hypothèques, ainsi que nous l'avons déjà dit, bien qu'elles soient inscrites avant le privilège,

---

1. V. *Les principes de jurisprudence* pra Prévôt de la Jannès, vº HYPOTHÈQUE, t. I, p. 205 et 211. Le privilège du Trésor sur les meubles venait au septième rang, c'est-à-dire en dernier lieu ; il en était de même pour les immeubles.

pourvu, bien entendu que celui-ci soit rendu public dans le délai fixé par l'article 5 de la loi de 1807.

Cette solution est confirmée par le § 2 précité du même article, qui dispose que le privilège du Trésor ne peut préjudicier « aux créanciers du précédent propriétaire qui auraient sur le bien acquis des hypothèques légales existantes indépendamment de l'inscription ou toute autre hypothèque valablement inscrites. »

Cet article se comprend fort bien : au moment où l'immeuble est entré dans le patrimoine du comptable il n'a été acquis par lui que déduction faite des droits réels qui le grevaient ; le privilège du Trésor, pas plus qu'un autre (par exemple celui du vendeur), ne peut anéantir les droits préexistants. C'est l'application du droit commun.

Mais s'il s'agissait d'hypothèques légales, judiciaires ou conventionnelles des créanciers du comptable, le résultat serait différent, ainsi qu'on peut conclure par *a contrario* de l'article précité. En ce cas le privilège du Trésor, bien qu'inscrit à une date postérieure à celle des inscriptions de ces hypothèques les primerait néanmoins, s'il avait été rendu public dans le délai fixé par la loi.

Nous connaissons maintenant l'étendue du privilège du Trésor et nous pouvons étudier les différences qui le séparent de ceux qui sont compris dans l'article 2101 du Code civil.

Comme les privilèges de l'article 2101, le privilège du Trésor porte sur les meubles et sur les immeubles du débiteur ; mais cependant il est moins général puisque les immeubles que le comptable a acquis autrement qu'à titre onéreux n'y sont pas soumis. Nous avons dit le motif de cette restriction ; nous ne reviendrons pas sur ce sujet.

En second lieu les privilèges de l'article 2101 ne s'exercent sur les immeubles que lorsque la valeur des meubles est insuffisante pour désintéresser le créancier privilégié. Le privilège du Trésor est-il soumis à la même restriction ?

En général les auteurs soutiennent l'affirmative. A l'appui de leur système ils invoquent un argument unique tiré des travaux préparatoires du Code. La rédaction primitive de l'article 2104 (art. XIII) était conçue en ces termes : « Les privilèges qui s'étendent sur les meubles et immeubles sont ceux énoncés en l'article 2101 ; 2° le privilège en faveur du Trésor public sur les meubles des comptables et sur les immeubles acquis depuis leur entrée en exercice. »

Et l'article 2105 (art. XIV du projet) ajoutait : « Lorsqu'à défaut de mobilier les privilégiés énoncés en l'article précédent se présentent pour être payés sur le prix d'un immeuble en concurrence avec les créanciers privilégiés sur l'immeuble, etc. »

La discussion s'étant engagée sur cette question, Defermon demanda que le privilège du Trésor ne fût pas borné aux immeubles des comptables acquis depuis leur entrée en exercice, puis, sur les observations de Tronchet et Bérenger, il conclut que pour éviter toute difficulté, il fallait dire dans l'art. XIV (2105) que les privilèges du Trésor sont réglés par des lois particulières.

8

Le consul Cambacérès combattit ces conclusions et les articles XIII et XIV sont devenus les articles 2104 et 2105 du Code civil :

Art. 2104. Les privilèges qui s'étendent sur les meubles et les immeubles sont ceux énoncés en l'article 2101.

Art. 2105. Lorsqu'à défaut de mobilier les privilégiés énoncés en l'article précédent se présentent pour être payés sur le prix d'un immeuble (avec les créanciers privilégiés sur l'immeuble, les payements se font dans l'ordre qui suit : 1° art. 2101 ; 2° art. 2103).

Que conclure de cette suppression de l'énonciation du privilège du Trésor dans la rédaction définitive des articles 2104 et 2105 ? Tout simplement, d'après certains auteurs, que l'on a tenu compte de l'observation de Defermon qui demandait, ainsi que nous l'avons vu, que le privilège du Trésor fût réglé par des lois particulières; mais, ajoute-t-on, la pensée des rédacteurs sur la nature de son privilège n'en a pas moins été très clairement exprimée dans la rédaction primitive de ces deux articles qui assimilait complètement le privilège du Trésor, à ceux de l'article 2101, relativement à la nécessité de la discussion préalable du mobilier.

Cette argumentation ne nous a pas convaincu. En effet, tout ce que l'on peut conclure de la discussion qui s'est élevée au conseil d'État relativement à ces articles, c'est que lors de la rédaction définitive, on n'a pas cru devoir y mentionner le privilège du Trésor. Peu importe le motif, d'ailleurs difficile à déterminer, qui a justifié cette exclusion. Il en résulte que ces articles ne sau-

raient être applicables à notre privilège dont l'organisation est réglée par des lois particulières qui n'imposent
pas au créancier l'obligation inscrite dans l'article 2105.

On ajoute, il est vrai, dans l'opinion que nous combat-
tons que notre solution aura l'inconvénient de permettre
au créancier privilégié de favoriser telle ou telle personne, en se faisant payer plutôt sur tel ou tel bien du
débiteur ; mais l'objection est sans portée si l'on réfléchit
que le créancier dont il s'agit est le Trésor, et qu'il est
difficile d'admettre que le Trésor soit de connivence avec
tel ou tel créancier.

Cette différence que nous venons d'établir entre les
privilèges de l'article 2101 et celui du Trésor, se justifie
très bien, à notre avis, par la nature des droits garantis
dans les deux hypothèses. Les créances énoncées dans
l'article 2101 étant en général peu importantes, le Code
a jugé que la valeur du mobilier suffirait à les payer,
et ce n'est que dans l'hypothèse exceptionnelle où ces
biens ne suffiraient pas, que le créancier pourra exercer
son privilège sur les immeubles. Avec une pareille présomption il était naturel de décider que le privilège
n'atteindrait les immeubles que subsidiairement.

Le privilège du Trésor, au contraire, garantit des
créances dont le montant peut varier, dans chaque cas
particulier, et par suite on ne voit pas à quoi servirait
la discussion préalable du mobilier, puisque rien ne
peut ici faire présumer que le prix que l'on retirerait
de sa vente suffirait à désintéresser le Trésor. Cette
discussion n'ayant plus de base logique, devient une
formalité inutile.

Les privilèges de l'article 2101, bien que portant sur des immeubles, ne sont pas soumis à la publicité. Cette dérogation aux principes s'explique par les observations qui précèdent. Nous avons vu en effet, que rien ne prouve, à l'avance, que le créancier exercera son privilège sur les immeubles, la valeur des meubles étant réputée suffisante pour le payer.

Au contraire le privilège du Trésor est soumis à l'inscription par la loi du 5 septembre 1807, et c'est là une nouvelle preuve pour nous que, dans la pensée du législateur, notre privilège n'a pas été considéré comme s'exerçant principalement sur les meubles et seulement subsidiairement sur les immeubles. Cette nouvelle différence est donc pour nous une conséquence de la précédente. De ce que la créance du Trésor vis-à-vis du comptable ne saurait à l'avance, être fixée même approximativement, il en résulte qu'elle est garantie aussi bien directement par les immeubles que par les meubles, et que dès lors il n'y a aucune raison pour ne point appliquer ici le principe de la publicité qui veut que les privilèges sur les immeubles soient soumis à l'inscription.

§ 5. — Extinction du privilège du Trésor.

Le privilège ne finit pas avec la gestion des comptables, car leur responsabilité ne se termine pas avec leurs fonctions ; elle dure jusqu'à l'apurement des comptes, et c'est la délivrance du quitus définitif qui constate que le fonctionnaire n'est pas en débet et que par conséquent il est indemne et affranchi de toute responsabilité.

Ainsi le décidait l'article 55 de la loi du 11 brumaire an VII, qui n'a pas été abrogée sur ce point[1]. Nous avons dit aussi qu'en vertu de l'article 9 de la loi de 1807, la purge éteignait les droits du Trésor sur l'immeuble vendu. Ajoutons qu'aux termes de l'article 7 de la même loi le ministre des finances peut éteindre le privilège du Trésor relativement à tel ou tel immeuble du comptable, en lui délivrant un certificat constatant que l'immeuble n'est pas soumis à l'inscription[2].

Autrefois les débets des comptables se prescrivaient par un délai de quarante années; la déclaration de 1670 les rendit imprescriptibles. Dans la loi du Code civil on a réduit ce délai, en établissant qu'à l'avenir l'État, les établissements publics et les communes seront soumis aux mêmes prescriptions que les particuliers; la créance de l'État contre les comptables est cependant soumis à une règle spéciale; elle ne commence d'être prescrite que du jour ou ceux-ci ont cessé leur gestion. L'article 10 de la loi du 5 septembre 1807 s'exprime ainsi :

« La prescription des droits du Trésor public, établie par l'article 2227 du Code civil, court. au profit des comptables, du jour où leur gestion a cessé. »

L'article 10 de la loi de 1807 était indispensable pour préciser le point de départ de la prescription contre le Trésor, car les comptables auraient pu prétendre que c'était du jour où les détournements et omissions de

---

1. Avis du Conseil du contentieux du 17 avril 1817.
2. Dumesnil et Pallau, n° 265.

recette auraient eu lieu, et le Trésor, que c'était seulement du jour que le débet aurait été fixé.

A l'égard des tiers acquéreurs des immeubles des comptables, il en est autrement et il faut s'en rapporter aux termes de l'article 2180 du Code civil : la prescription court donc contre eux à partir de la transcription de de leur titre de propriété. Par conséquent, et en argumentant de l'article 2265 du Code civil, le tiers acquéreur de bonne foi et par juste titre de l'immeuble d'un comptable dont il ignorait la qualité prescrira par dix à vingt ans, à partir de la transcription, le privilège (ou l'hypothèque) du Trésor. La prescription peut-elle courir, séparément contre la créance, et séparément contre les garanties qui sont affectées à cette créance, de telle sorte que le privilège ne soit pas prescrit, la créance l'étant déjà? L'article 10 fixe le point de départ de la prescription contre *les droits* du Trésor. Les droits du Trésor consistant aussi bien dans sa créance que dans son hypothèque et ses privilèges, il nous paraît que la prescription a un point de départ uniforme et qu'elle est parfaite le même jour, au même instant pour la créance et pour ses garanties tout à la fois. D'ailleurs les expressions de la loi de 1807 nous paraissent d'autant plus concluantes que cette loi a eu pour unique objet les privilèges et l'hypothèque du Trésor. Elle vise donc bien ces droits-là, et elle vise également la créance elle-même.

CHAPITRE II

DE L'HYPOTHÈQUE LÉGALE DU TRÉSOR SUR LES BIENS DES
COMPTABLES.

§ 1. — Quels biens sont assujettis à cette hypothèque légale?

Depuis l'an VII le Trésor avait une hypothèque sur
les biens des comptables, sans qu'il y eut de distinc-
tions à établir à l'égard de l'origine de ces biens (article
21 de la loi du 11 brumaire an VII). Cette hypothèque
fut maintenue par l'article 2121 du Code civil. La loi du
5 septembre 1807 modifia cette législation et reconnut à
l'État un privilège général, sur les biens meubles et
immeubles acquis à titre onéreux par les comptables
depuis leur nomination, et sur ceux acquis dans les
mêmes conditions par les femmes des comptables, sauf
que celles-ci pouvaient établir que les deniers employés
à l'acquisition leur appartenaient. Quant aux autres
biens, ils sont frappés par l'article 6 de la même loi de
1807, qui est ainsi conçu :

« A l'égard des immeubles des comptables qui leur
appartenaient avant leur nomination, le Trésor public a
une hypothèque légale, à la charge de l'inscription, conformément aux articles 2121 et 2154 du Code civil. Le
Trésor public a une hypothèque semblable sur les biens
acquis par le comptable autrement qu'à titre onéreux,
postérieurement à sa nomination. »

Avant la loi du 5 septembre 1807, on ne s'occupait

donc ni de l'origine des biens, ni de la date à laquelle ils avaient été acquis.

Il faut donc actuellement distinguer deux catégories de biens :

1° Ceux qui ont été acquis par le comptable avant sa nomination ;

2° Ceux qui ont été acquis après cette nomination.

Cette dernière catégorie elle-même est double, parce qu'elle se subdivise :

1° En biens acquis à titre gratuit ;

2° En biens acquis à titre onéreux.

Une distinction primordiale a lieu entre les meubles et les immeubles, car c'est entre les immeubles seulement qu'ont lieu les subdivisions que nous venons d'indiquer.

Les meubles sont toujours soumis au privilège ; les immeubles le sont seulement lorsqu'ils ont été acquis avant la nomination du comptable. Il y a en effet dans ce dernier cas une prédisposition de la loi à croire que le payement a été effectué avec les deniers de l'État. Les meubles, n'étant jamais soumis à l'hypothèque, ont été frappés du privilège ; on n'a pas voulu que l'État soit exposé à se trouver sans recours sur toute une portion de la fortune du comptable. Autrefois cette précaution n'avait pas une importance considérable la fortune mobilière étant peu importante, ainsi qu'en témoigne l'adage : *vilis mobilium possessio*. Aujourd'hui les conditions économiques sont profondément modifiées, et ce droit du Trésor est devenu extrêmement important.

Les motifs qui ont fait établir l'hypothèque sur les

biens acquis par le comptable avant sa nomination et sur ceux acquis depuis autrement qu'à titre onéreux ne sont pas exactement les mêmes que ceux qui ont fait établir le privilège sur les meubles. En effet, lorsqu'il s'agissait des meubles, on pouvait se demander si une partie d'entre eux n'avait pas été payée avec les deniers de l'État, tandis qu'ici cette question ne peut se poser pour les immeubles frappés d'hypothèque. On a eu simplement le dessein de garantir le Trésor public, d'après ce principe que les biens du débiteur sont le gage du créancier; mais par une raison d'ordre public, on n'a pas voulu que ce gage fût commun avec tous les autres créanciers; la fortune de l'État étant celle de tous les citoyens, et sa prospérité les intéressant tous, on lui a accordé une hypothèque. Il n'y avait donc pas à se préoccuper, comme on l'a fait à l'occasion du privilège, des biens acquis à titre onéreux par la femme avant la nomination de son mari, ni de ceux acquis autrement qu'à titre onéreux depuis cette époque. Ces biens-là lui sont propres et personnels, et en principe le Trésor n'a aucun droit à prétendre sur eux.

Les biens des comptables ne provenant pas tous de la même source, il était donc naturel que la loi accordât sur eux au Trésor des garanties distinctes, plus ou moins efficaces selon les cas, et en tenant compte des probabilités que nous avons indiquées. Les privilèges primant, par leur nature même, les autres droits, il était naturel d'en accorder un à l'État lorsqu'il y avait une présomption que l'immeuble avait pu être acquis avec ses deniers; et il eût été injuste, dans ce cas, de ne lui accorder qu'une hypothèque légale à laquelle eussent été préférables l'hypothèque légale de la femme, celle des mineurs ou interdits dont le comptable aurait été tuteur, et les hypothèques judiciaires et conventionnelles consenties par le comptable et inscrites en temps utile : c'eût été permettre au comptable de payer ses dettes avec les deniers de l'État. Mais, par contre, lorsqu'il s'agissait d'immeubles acquis par le comptable avant sa nomination ou acquis depuis à titre gratuit, c'est-à-dire lorsqu'il était certain que l'argent des citoyens n'était pour rien dans cette acquisition, il eût été inique de léser les droits des tiers, en accordant contre eux un privilège qui eût été préférable à leurs hypothèques, indépendamment de la date à laquelle celles-ci auraient été inscrites.

Ainsi l'hypothèque légale du Trésor affecte :

1° Les immeubles du comptable qui lui appartiennent avant sa nomination ;

2° Ceux acquis par lui, autrement qu'à titre onéreux depuis sa nomination (art. 6. Loi du 5 sept. 1807).

Si le comptable avait vendu, avant sa nomination, un immeuble sous condition résolutoire, et que, la condition résolutoire arrivant, l'immeuble rentrât en sa possession par l'effet de cette condition, il faudrait décider, conformément à l'article 1183, que l'immeuble a été soumis à l'hypothèque légale du jour de l'entrée en fonctions du comptable, parce que la condition résolutoire, lorsqu'elle s'accomplit, remet les choses au même état que si l'obligation n'avait jamais existé : le comptable serait donc réputé avoir toujours eu la propriété de l'immeuble.

Il faudrait adopter encore la même décision si l'immeuble avait été aliéné avec faculté de réméré par le comptable et pour le cas où celui-ci viendrait à exercer son droit. Il en serait autrement[1], et il n'y aurait pas lieu à hypothèque pour le Trésor, si le droit de réméré avait été exercé par un tiers, alors même que ce droit aurait été vendu à ce tiers après par le comptable après sa nomination, parce que l'hypothèque légale n'a pu s'imprimer sur le droit ou action de réméré, bien qu'elle eût certainement atteint l'immeuble s'il était rentré[2].

De même si le comptable possédait un immeuble au moment de sa nomination et que la prescription vînt à s'accomplir à son profit, pendant sa gestion, cet immeuble serait frappé par l'hypothèque légale du Trésor.

Les immeubles acquis à titre gratuit par la femme peuvent-ils être atteints par l'hypothèque?

Pour résoudre cette question il faut examiner le contrat de mariage. Si les époux étant mariés sous le régime de la communauté légale, une donation immobilière est faite à la femme, à condition que l'immeuble tombe en communauté; ou bien, si, les époux étant mariés sous le régime de la communauté conventionnelle, il est stipulé dans le contrat que les immeubles que les époux acquerront à titre gratuit tomberont en communauté; ou bien enfin si les époux sont mariés sous le régime de la communauté universelle; — dans les trois cas que nous venons de citer, l'immeuble acquis à titre gratuit par la femme tombe dans l'actif de la communauté, et par conséquent est soumis, suivant nous, à l'hypothèque du Trésor. En

1. Aubry et Rau, t. III, p. 202.
2. Cassation, 21 décembre 1825.

effet, il s'agit ici d'une acquisition qui n'est pas à titre onéreux, et nous savons que les acquisitions d'immeubles faites par le mari autrement qu'à titre onéreux sont frappées par l'hypothèque. A notre avis, ce résultat se produira soit que la femme renonce à la communauté, soit qu'elle l'accepte, c'est-à-dire que l'hypothèque portera tant sur les biens attribués au mari qu'à la femme, lors de la dissolution de la communauté.

Si la séparation de biens avait été prononcée entre le comptable et sa femme avant la nomination du comptable, le Trésor n'aurait rien à prétendre sur la part de communauté qui aurait été attribuée à la femme.

§ 2. — De la conservation de l'hypothèque légale du Trésor.

L'article 5 de la loi de 1807 a fixé un délai de deux mois dans lequel doit être inscrit le privilège du Trésor pour qu'il demeure privilège. Inscrit après ce délai, ce privilège dégénère en hypothèque légale (art. 2113). L'hypothèque légale du Trésor n'est pas dispensée d'inscription ; l'article 7 de la loi de 1807, qui organise la conservation des droits du Trésor, s'applique à l'hypothèque comme au privilège.

On s'est demandé à quelle date il faut faire remonter l'effet de l'hypothèque légale du Trésor. On fait observer qu'il y a une certaine analogie entre les hypothèques légales, par exemple, celle des mineurs et celle du Trésor, et on prétend que depuis la date de la nomination du comptable les biens qui lui appartenaient auparavant sont frappés de l'hypothèque légale du Trésor à raison des

débêts qui pourront être constatés, à l'exemple de l'hy_
pothèque légale des mineurs qui remonte à l'acceptation
de la tutelle par le tuteur.

L'article 2135 s'occupe de deux cas spéciaux, dans
lesquels l'hypothèque produit son effet indépendamment
de l'inscription ; il n'étend pas formellement cette faveur
au Trésor, bien que le Trésor ait une hypothèque légale,
de même que la femme, le mineur et l'interdit ; il entend
donc très nettement ne pas la lui accorder.

D'autres voudraient que l'inscription de l'hypothèque
une fois prise, le rang de cette inscription ne fût déterminé que par la date des abus, malversations ou débets
constatés du comptable.

Cette opinion n'est pas mieux justifiée que la précédente; elle est formellement en opposition avec l'article
2134 du Code civil, qui déclare qu'entre les créanciers
l'hypothèque, soit *légale*, soit judiciaire, soit conventionnelle, n'a de rang que du jour de l'inscription prise par
le créancier sur les registres du conservateur.

La loi, disons-nous, favorise le Trésor public; c'est
pour ce motif qu'elle lui accorde une hypothèque légale
sur les biens désignés en l'article 6 de la loi de 1807;
mais elle respecte les hypothèques antérieurement inscrites sur ces immeubles, et elle lui donne ensuite un
rang utile pour la garantie de la gestion du comptable.
Or, si ce dernier pouvait grever ses biens jusqu'au moment où il serait constitué en débet, et si les créances
hypothécaires, dont l'hypothèque était inscrite avant cette
époque primaient l'hypothèque légale du Trésor, quoique
cette dernière eût été inscrite en premier lieu, cette

préférence que l'on accorderait ainsi, ne serait-elle pas directement contraire aux vues du législateur? Le comptable qui voudrait frauder le Trésor n'aurait qu'à hypothéquer ses biens à des complices, et lorsqu'il se trouverait en débet, aucun recours ne pourrait être utilement exercé contre lui.

La loi du II brumaire an VII, à laquelle notre hypothèque a été empruntée, était conçue dans le sens de notre solution. Le droit du Trésor consistait dans une hypothèque qui n'avait d'effet *qu'à dater de son inscription*. Rien ne prouve que le législateur de 1807 ait dérogé à cette règle, conforme, ainsi qu'on l'a vu, aux principes de notre système hypothécaire.

Nous déciderons de même, comme pour le privilège, que l'inscription de l'hypothèque ne pourra plus être utilement prise par le Trésor : 1° en cas d'aliénation de l'immeuble par le comptable, à partir de la transcription de cette aliénation (art. 3 de la loi du 23 mars 1855); 2° dans les deux hypothèses prévues par l'article 2146 du Code civil.

§ 3. — Des effets de l'hypothèque légale du Trésor.

Pour bien voir les effets qui sont attachés à l'hypothèque légale du Trésor, il faut la comparer avec les autres hypothèques légales. Ce rapprochement nous servira à mettre en lumière les caractères particuliers de cette garantie.

Ainsi que nous l'avons vu plus haut, l'hypothèque du Trésor sur les biens des comptables est générale comme le sont les autres hypothèques légales. Toutefois, il est à remarquer que ce caractère de généralité est ici très atténué, puisque notre hypothèque, si elle s'applique en principe aux biens présents et à venir du comptable, en excepte une certaine catégorie : ceux qui ont été acquis par lui à titre onéreux depuis sa nomination. Cette classe d'immeubles est soumise, on le sait, non pas à l'hypothèque, mais au privilège.

Certaines hypothèques légales énumérées dans l'article 2121, celle de la femme mariée, du mineur et de l'interdit, produisent leurs effets alors même qu'elles n'auraient pas été rendues publiques par la voie de l'inscription. Cette faveur n'a pas été étendue à l'hypothèque légale du Trésor, puisque l'article 7 de la loi de 1807 ordonne qu'elle devra être rendue publique par les soins des receveurs d'enregistrement et des conservateurs. A cet égard, elle rentre dans le droit commun, en matière hypothécaire, d'après lequel toute hypothèque conventionnelle, judiciaire et même légale ne produit d'effet que si elle est inscrite, sauf les trois exceptions relatives aux hypothèques légales que nous venons de rappeler.

Ces trois hypothèques du mineur, de l'interdit et de la femme mariée, ayant leur effet indépendamment de toute inscription (sauf l'application de l'article 8 de la loi du 23 mars 1855), il s'ensuit que la loi a dû fixer une date à ces hypothèques; l'hypothèque du Trésor, n'a pas d'autre date que celle de l'inscription.

Les hypothèques générales, c'est-à-dire celles qui sont légales ou judiciaires, peuvent être réduites, celles du tuteur ou du mari peuvent être restreintes dans les cas déterminés par les articles 2140 à 2144. Ces dernières dispositions sont spéciales aux hypothèques qu'elles énumèrent. En est-il de même de la réduction régie par l'article 2161? En d'autres termes cet article est-il applicable à l'hypothèque du Trésor?

Voyons d'abord le texte de l'article 2161 : « Toutes les fois que les inscriptions prises par un créancier qui, d'après la loi, aurait droit d'en prendre sur les biens présents ou sur les biens à venir d'un débiteur, sans limitation convenue, seront portées sur plus de domaines différents qu'il n'est nécessaire à la sûreté des créances, l'action en réduction des inscriptions, ou en radiation d'une partie, en ce qui excède la proportion convenable, est ouverte au débiteur. On y suit les règles de compétence établies par l'article 2159.

« La disposition du présent article ne s'applique pas aux hypothèques conventionnelles. »

Au premier abord il semble, que cet article vise toute hypothèque offrant un caractère de généralité et par suite l'hypothèque du Trésor. Le dernier paragraphe n'exclut expressément que les hypothèques conventionnelles.

Mais si on lit attentivement cet article on se convaincra bien vite que l'hypothèque légale du Trésor n'est pas réductible.

En effet, on peut dire tout d'abord que l'hypothèque du Trésor, ainsi que nous venons de l'établir n'est pas absolument générale, comme le sont toutes les hypothèques légales ou judiciaires, et on comprend facilement que cette différence produise des conséquences relativement à la réduction.

Ensuite, comme l'a fait justement observer Persil[1], si on rapproche cette disposition de celle qui suit, on verra que la réduction ne peut s'appliquer à notre hypothèse. L'article 2162 nous dit, en effet : « Sont réputées excessives les inscriptions qui frappent sur plusieurs domaines, lorsque la valeur d'un seul ou de quelques-uns d'entre eux excède de plus d'un tiers en fonds libres le montant des créances en capital et accessoires légaux. »

On comprend qu'on puisse évaluer approximativement les créances garanties par une hypothèque judiciaire, et même, quoique plus difficilement celles qui sont garanties par les hypothèques légales ; mais il n'en saurait être ainsi pour celles du Trésor vis-à-vis du comptable. Comment le chiffre même approximatif des débets qu'un comptable peut avoir à sa charge, seraient-ils estimés à l'avance ? Aucun calcul ne pourrait en donner une idée, et, en fait, il arrivera le plus souvent que tout le patrimoine du débiteur sera insuffisant pour combler le déficit.

Ces observations nous paraissent de nature à faire écarter l'article 2161 lorsqu'il s'agit de l'hypothèque légale du Trésor.

Quant aux causes d'extinction de cette garantie nous n'avons rien à ajouter ici aux explications qui ont été données à ce sujet, à propos du privilège. En cette matière, les dispositions de la loi du 5 septembre 1807 (articles 7 à 12) sont communes au privilège et à l'hypothèque.

---

1. Sur l'article 2161.

9

Rappelons toutefois qu'aux termes de l'article 783 de la loi précitée, il est loisible au ministre des finances, d'autoriser le comptable à aliéner tel ou tel de ses immeubles, en l'affranchissant de l'hypothèque légale, moyennant un certificat délivré par lui et constatant que cette aliénation n'est pas soumise à l'inscription : Ce certificat doit être énoncé et daté dans l'acte d'aliénation.

Nous trouvons dans cette formalité une espèce de réduction spéciale applicable aux garanties du Trésor, ce qui prouve une fois de plus, suivant nous, que la voie de l'article 2161 du Code civil n'est pas ouverte, dans cette hypothèse.

Quant aux formes de la purge imposées aux tiers acquéreurs, nous n'avons rien à ajouter à l'explication de l'article 9 de la loi de 1807, exposée à propos du privilège.

Il est à peine besoin de faire remarquer que le seul mode de purge applicable ici, c'est celui qui est réglé par les articles 2181 et suivants du Code civil. Les formalités spéciales à la purge des hypothèques non inscrites (art. 2193 et suiv.) ne sauraient être employées dans notre hypothèse, puisque les tiers acquéreurs sont à l'abri de l'hypothèque légale du Trésor, dans le cas où elle n'aurait pas été inscrite avant la transcription de leur titre. C'est là une dernière différence à signaler entre l'hypothèque qui nous occupe et celles de la femme mariée, des mineurs et de l'interdit.

POSITIONS

DROIT ROMAIN.

I. — Le *receptitium* n'était pas un contrat *verbis*.

II. — L'obligation contractée par un pupille sans l'*auctoritas tutoris* peut être cautionnée par voie de *constitut*.

III. — Le créancier qui fait avec son débiteur un *constitut* ne renonce pas toujours, par cela même, à son action primitive.

IV. — En aucun cas le *constitut* ne peut être considéré comme opérant une véritable novation.

V. — A l'époque classique les constituants ne jouissaient pas du bénéfice de division.

VI. — Sous Justinien les constituants ont le bénéfice de division et le bénéfice de discussion.

DROIT CIVIL FRANÇAIS.

I. — L'article 2098 du Code civil est une pure application de l'art. 2 du même Code.

II. — Le Trésor qui exerce son privilège sur les meubles et immeubles du comptable n'est pas tenu de discuter le mobilier avant les immeubles.

III. — L'inscription du privilège prise dans les délais fixés par l'art. 5 de la loi du 5 septembre 1807 rétroagit au jour de l'acquisition de l'immeuble.

IV. — L'hypothèque légale du Trésor sur les immeubles du comptable ne peut être restreinte.

V. — La présomption d'interposition établie contre la femme du comptable ne peut être étendue à ses enfants.

VI. — L'hypothèque légale du Trésor date du jour de l'inscription de cette hypothèque, et non du jour où le débet aura été constaté.

DROIT DES GENS.

I. — Un gouvernement étranger ne peut être traduit devant les tribunaux français relativement à l'exécution d'une obligation contractée vis-à-vis d'un Français.

II. — Les agents diplomatiques français sont incompétents pour célébrer un mariage entre un Français et une étrangère.

DROIT CRIMINEL.

I. — Lorsque la loi pénale qui punit un délit a été modifiée postérieurement à ce délit, mais avant la comparution du délinquant devant les tribunaux, c'est la dernière loi, si elle est moins rigoureuse que la première, qui doit être appliquée.

II. — La solidarité que l'article 55 du Code pénal établit entre les codélinquants est une véritable solidarité.

SCIENCE FINANCIÈRE.

I. La forme d'emprunt volontaire connue sous le nom d'emprunt patriotique est désavantageuse pour l'État.

II. Les actions de jouissance, lorsque la jouissance est assurée pour une période se rapprochant d'un siècle, sont favorables à l'État, et sont presque toujours considérées par les particuliers comme donnant un revenu perpétuel.

Vu par le président de thèse,
Inspecteur général des Facultés de droit :

C. ACCARIAS.

Vu par le doyen de la Faculté :

CH. BEUDANT.

Vu et permis d'imprimer,
Le Vice-Recteur de l'Académie de Paris,

GRÉARD.

TABLE DES MATIÈRES

DROIT ROMAIN.

SECTION PREMIÈRE.

DES CONDITIONS DE VALIDITÉ DU PACTE DE CONSTITUT.

DROIT CIVIL FRANÇAIS.

SECTION PREMIÈRE.

DES CAUTIONNEMENTS.

SECTION DEUXIÈME.

DU PRIVILÈGE ET DE L'HYPOTHÈQUE LÉGALE DU TRÉSOR.

5199. — Imprimerie A. Lahure, rue de Fleurus, 9, à Paris.

www.ingramcontent.com/pod-product-compliance
Lightning Source LLC
Chambersburg PA
CBHW062017200326

41519CB00017B/4816